Alexandra d'Arnoux und Bruno de Laubadère

DACHTERRASSEN und BALKONE

Kleine Oasen über der Stadt

Fotos von Deidi von Schaewen

Deutsche Verlags-Anstalt

Aus dem Französischen
übersetzt von Dr. Wolfgang Hensel

2. Auflage 2008

Titel der Originalausgabe:
Terrasses – un art de vivre en plein ciel

CHEFLEKTORAT: Ghislaine Bavoillot
GRAFISCHE GESTALTUNG: Caroline Chambeau
LEKTORAT: Nathalie Démoulin und Diana Darley
HERSTELLUNG: Murielle Vaux und Tatiana Nadin
LITHOGRAFIE: Sele Offset
DRUCK UND BINDUNG: Tien Wah Press, Singapore
SATZ DER DEUTSCHEN AUSGABE: Edith Mocker
PRODUKTION DER DEUTSCHEN AUSGABE: Monika Pitterle
Printed in Singapore

ISBN 978-3-421-03420-5

Inhalt

Terrassen mit Aussicht

Paris von oben ist eine völlig neue Erfahrung. Nichts erinnert an die Metropole, die man täglich durcheilt. Vom Dach aus ist nichts wie es war. Diese Erfahrung hat sicher jeder schon einmal gemacht, sei es von der Spitze des Eiffelturms, dem Arche de la Défense oder vom Centre Pompidou aus. Allerdings gibt es nur wenige Glückliche, die ähnlich erstaunliche Anblicke von ihren Wohnungen in der Stadt genießen dürfen. Von diesen Dachterrassen eröffnen sich im Wechsel der Jahreszeiten und dem Spiel des Lichts zwischen Morgengrauen und Abend stets neue Blicke auf die Stadt.

Ein Blick auf den Eiffelturm

Dieses Dachgeschoss eines Gebäudes von 1925 liegt nur ein paar Schritte von den Champs-Élysées entfernt und bietet einen prachtvollen Blick auf die Kuppeln von Grand und Petit Palais. Eine seiner Terrassen öffnet sich nach Südosten zur Avenue Matignon, die andere nach Südwest mit Blick über die Dächer. Von hier aus sind die meisten der Pariser Sehenswürdigkeiten zu sehen: Natürlich der Eiffelturm, die Kirchen Sainte-Madeleine und Sainte-Clothilde, das Assemblée Nationale, die Türme von Saint-Sulpice, Sainte-Geneviève, der Louvre und – etwas weiter weg – der Turm von Saint-Jacques und die Oper. Vom Wohnzimmer aus, das sich zu einer der Terrassen öffnet, kann man den Invalidendom sehen.

Der Besitzer dieses Appartements spaziert gerne in der Morgendämmerung über seine Terrassen, wenn der Himmel über Paris noch klar ist und einige rosa überhauchte Wolken der Luft eine sanfte Atmosphäre verleihen.

SEITE 6: *Von dieser Idylle mit einem wilden Apfelbaum, Malven und einem kleinen Sitzplatz im Grünen eröffnet sich ein prachtvoller Blick über Paris.*
UNTEN: *Grand und Petit Palais in der Morgendämmerung, aus der Ferne grüßen die Hochhäuser von La Défense.*
RECHTS: *Diese grüne Oase mit Birnbaum, der in einem Beet mit Bechermalven wächst – selbst ein Nistkasten fehlt nicht –, wird vom Eiffelturm überragt.*

OBEN LINKS: *Blick von oben auf die Dachterrasse mit der weißen Glyzine* (Wisteria sinensis *'Alba'), die zum Strauch beschnitten wurde.*
OBEN RECHTS: *Pflanzkästen säumen das Holzgeländer um den Südteil der Terrasse, der durch Rankgitter gut abgeschirmt wird.*

Dabei spielt es keine Rolle, wie sich das Wetter entwickeln wird. Es ist erstaunlich, wie viele Nuancen ein scheinbar eintönig grauer Himmel zu bieten hat.

Eine der Dachterrassen gleicht einem Wohnzimmer. Sie wurde von dem Landschaftsarchitekt Louis Benech gestaltet, der eine Pergola von Glyzinen mit großen, weißen Blüten überwuchern ließ. Bei warmem Wetter kann man an dem Tisch im Schatten der Pergola wunderbar essen. In den Beeten sorgen Kletterrosen und Orangenblumen für Duft und Farbe. Die in Töpfen wachsenden, großen, immergrünen Buchsbäume strukturieren den Raum und rahmen die Türen ein, die von der Wohnung auf die Terrasse führen.

Der Besitzer liebt es, die Bäumchen regelmäßig in Form zu schneiden. »Beim Beschneiden eines Buchsbaums steigt ein wunderbarer, aromatischer Duft auf. Das Vergnügen besteht darin, genau den richtigen Schnitt zu finden und so eine für das Auge perfekte Krümmung zu erzeugen. Schneidet man zu viel ab, verwandelt sich das Vergnügen in eine Katastrophe. Wenn mir die Zeit bleibt, schneide und gieße ich die Pflanzen kurz nach Sonnenuntergang. Der Lärm der Straße verklingt und ich höre die Stimmen der Vögel.« Wenn die Lampen auf der Terrasse eingeschaltet sind und die Sehenswürdigkeiten der Stadt angestrahlt werden, scheinen Drinnen und Draußen zu verschmelzen und man glaubt, zu schweben.

OBEN LINKS: *Die weiß blühende Glyzine über der Pergola wirft lichten Schatten auf die Gartenmöbel. Eine Kletterrose mit weißen Blüten nimmt die Farbe der Glyzine auf. Im Vordergrund stehen Orangenblumen.*
OBEN RECHTS: *Zwei zu Schrauben geschnittene Buchsbäume rahmen die Glastür ein.*

Ein Balkon am »Rive gauche«

OBEN: *Auf der oberen Terrasse setzt eine* Nana *von Niki de Saint-Phalle vor einem üppigen Beet mit schmalblättrigem Lavendel einen farbigen Akzent.*
RECHTS: *Blick von oben auf den Balkon mit roten, rosa und weißen Blumen, die gut geschützt hinter einem Vorhang aus Efeu wachsen. Zwei* Nanas *von Niki de Saint-Phalle tanzen auf einem niedrigen, himmelblauen Tisch.*

Die iranische Künstlerin Manijeh Torfeh wohnt in der Nähe von Saint-Germain-des-Prés. Die Architektin und Innenarchitektin hat in mehreren Häusern des ehemaligen Schah von Persien gearbeitet, darunter auch im berühmten Palast auf der Insel Kish. Ihre Wohnung erstreckt sich über zwei Stockwerke: Vor dem Wohnzimmer liegt ein Balkon, Studio und Büros im oberen Geschoss haben ein Glasdach. Der Blick aus dem Büro ist überwältigend. Man schaut tief hinab in eine Straßenschlucht. Eine Treppe führt vom Büro aus auf die Dachterrasse, von wo aus sich ein weiter Blick über die Dächer eröffnet.

Am Abend, wenn die Sehenswürdigkeiten angestrahlt werden, ist dieser Anblick noch zauberhafter. Der Glockenturm von Saint-Germain-des-Prés, die Kirche Saint-Sulpice und – in der Entfernung – die Kuppel der Académie sind gut zu sehen. Gegenüber liegen Haussmann-Häuser mit Dachkuppeln an den Ecken und mit Säulen verzierten Balkonen.

Obwohl der Platz sehr kostbar ist, wollte die Besitzerin nicht auf Balkonpflanzen verzichten. Also verwandelte sie das Geländer durch rankenden Efeu in eine niedrige Hecke, während zahlreiche Blumentöpfe mit jahreszeitlich wechselnden Blumen, wie Pelargonien oder Veilchen, in allen Tönen von Rosa und Rot für Farbe sorgen.

Manijeh Torfeh liebt zeitgenössische Kunst und ist mit vielen Künstlern befreundet. Zwischen den Blumen stehen mehrere *Nanas* von Niki de Saint-Phalle, deren fröhliche Farben mit den Blumen kontrastieren. Eine dieser Figuren tanzt leichtfüßig mitten auf einem runden Tisch, den die Architektin selbst entworfen hat.

Auf der oberen Terrasse hat sie einen kleinen Sitzplatz mit einigen Lavendelbeeten, Klappstühlen und einem niedrigen Tisch angelegt; eine Plastik von Niki de Saint-Phalle leistet ihr Gesellschaft.

Ein Panoramablick

Ohne Zweifel gehört dieser Blick zu den atemberaubendsten von ganz Paris. Die Kirche von Saint-Sulpice scheint so nah, dass man sie berühren möchte. Linker Hand grüßt der hübsche Glockenturm von Saint-Germain-des-Prés, dann folgen Notre-Dame, die Kuppel der Académie und der Turm von Saint-Jacques. Im Hintergrund steigt Montmartre empor, das Symbol einer anderen Zeit und eines anderen Kunstverständnisses. Der Dachgarten hat die perfekte Höhe: Vorder- und Hintergrund scheinen nahtlos zu verschmelzen und der Betrachter ist auf derselben Höhe wie die Dachfirste, ohne über eine Schwindel erregende Kante blicken zu müssen. Darüber hinaus setzen sich die Durchblicke zwischen den Schornsteinen aus Terrakotta zu kleinen Bildern wie in einem Tableau zusammen.

Die Besitzerin liebt die Architektur und hat ihre Räume selbst gestaltet. Für sie wird ihre Wohnung erst durch die Terrasse zum Heim. Der schmale Treppenaufgang zur Terrasse scheint wie in einem alten Haus zu einem Dachboden zu führen. Im Frühling treiben die Kastanien auf dem Platz ihre hellgrünen Blätter aus, die sich in der Brise wie sanfte Wellen bewegen.

Ein wenig Unordnung trägt zum Charme der Terrasse bei, und dank der Nähe zur Kirche Saint-Sulpice scheint die Luft von einer italienischen Atmosphäre erfüllt zu sein. Die fehlende Ordnung wird bewusst in Kauf genommen – als Ausdruck von Freiheit und Unbekümmertheit. Auch die wüchsigen Pflanzen unterstreichen das Fehlen jeglicher Fesseln. Die wilden Wein- und 'Iceberg'-Rosen harmonieren mit rosa und weißen Hortensien, Geißblatt und tiefroten, fast schwarzen Pelargonien.

Halb verborgen von den Pflanzen, beherbergt ein Gewächshaus zwei unerwartete Gäste: einen Vogel, der selbst bei geöffneter Tür niemals ausfliegt, und eine Büste von Jean Racine, die im Winter wie eine empfindliche Pflanze ins Zimmer genommen wird.

LINKS: *Die Triebe eines Wilden Weins winden sich um die Schornsteine; ihr Blattgrün bildet einen hübschen Kontrast zu dem warmen Terrakottaton. Rechts ist Saint-Sulpice zu sehen, während Notre-Dame die Bildmitte des Hintergrunds beherrscht.*

OBEN: *Die Kuppel des Panthéon erhebt sich jenseits von Saint-Sulpice über die nahen Häuser.*

NÄCHSTE DOPPELSEITE: *Der erstaunliche Ausblick reicht vom Glockenturm von Saint-Germain-des-Prés bis zum Montmartre im Hintergrund.*

Der Turm von Saint-Sulpice spiegelt sich im Erkerfenster. Im Hintergrund links sind die Türme von Notre-Dame zu sehen.

Das Gewächshaus aus Glas und Aluminium ist nicht gerade eine Schönheit; an diesem Ort wirkt es jedoch wie das humorvolle Zitat eines Schrebergartens. Sicher wird es eines Tages unter Efeu und Geißblatt verschwunden sein, beschattet von einer Magnolie und einem Ahorn, die langsam aber stetig größer werden.
Die nahen Dächer rahmen den Dachgarten kontrastreich ein. Die strengen, geraden Linien der Hauswände wechseln sich mit den schrägen Dächern aus Schiefer,

Beton, Zink oder Dachziegeln ab. Auf jedem Dach reihen sich die Schornsteine, manche schlank und klein, andere behäbig und dick wie auf einem ländlichen Herrenhaus.

Wenn man hier oben unter den Wolken sitzt, klingen die Kirchenglocken ganz anders als unten auf der Straße. Rufen sie dort die Menschen zum Gottesdienst, so scheinen sie hier nach oben in den offenen Raum zu verwehen.

In dem kleinen Gewächshaus zwischen üppigem Grün steht eine edle Büste von Jean Racine.

Meditieren unter freiem Himmel

OBEN: *Nur die großen, weißen Blüten der* Magnolia grandiflora *heben sich von der grünen Wand aus Pflanzen ab.*
RECHTS: *Wer im Liegestuhl auf dem patinierten Teakdeck liegt, kann unter dem weiten Himmel vortrefflich träumen und meditieren.*

Der Designer der Léonard-Stoffe ist ein vielbeschäftigter Mann, dem der Wert seiner knappen Freizeit bewusst ist. Obwohl er seine Arbeit liebt und sie ihn befriedigt, kehrt er immer wieder gern zu seiner Dachterrasse zurück, wo er sich zu Hause fühlt. Bis auf ein Geländer ist sie völlig offen. Hier steht die Zeit still, seine sozialen Verpflichtungen fallen von ihm ab und er fühlt sich frei.

Die Terrasse nimmt einen großen Teil des Daches in einem modernen Gebäude am Parc de la Muette ein – hier scheint das tägliche Leben in der Tat weit entfernt zu sein. Der Blick schweift ungehindert über die Hauptstadt, wie über einen Stadtplan, in dem der Eiffelturm die Kompassnadel bildet.

Die Bibliothek wirkt wie ein Leuchtturm, dessen große Fenster auf die strenge, fast Zen-artige Terrasse blicken, die rund um die Wohnung verläuft. Die Teakplanken des Holzdecks, die im Laufe der Zeit graue Patina angesetzt haben, wurden in einem unregelmäßigen Schachbrettmuster verlegt. Die hellen und kühlen Farben von Geländer und Möbeln kontrastieren angenehm mit den Grüntönen des Laubs – vom hellen Grün des Bambus bis zu dem glänzenden Dunkelgrün der Magnolienblätter.

Da das Gebäude sehr hoch ist, liegt die Dachterrasse weit über dem Lärm und Trubel der Straße. Nur das sanfte Rascheln des Bambus bricht die Stille. Allein einige Magnolien *(Magnolia grandiflora)* mit großen, weißen Blüten und betäubendem Duft verleihen diesem köstlichen Dachgarten ein wenig Farbe – der perfekte Ort für eine Meditation unter freiem Himmel.

Blühende Terrassen

Kann man über den Dächern von Paris einen eigenen Garten anlegen? Für manche Menschen ist dieser Traum Wirklichkeit geworden. Die glücklichen Besitzer solcher Dachgärten frönen ihrer Passion für Blumen wie in einer anderen Welt – geschützt durch hohe Strauchhecken und im Schatten von Pinien. Gelegentlich kann man sogar von der Straße aus einen Blick auf diese verborgenen Gärten erhaschen, die sich durch üppiges Grün und gelegentlich auch einen prachtvollen Baum auf den Dächern hoher Häuser verraten. Dachgärtner widmen sich mit großer Freude und vielen Talenten ihrer Arbeit, weit entfernt vom Lärm und dem Trubel der Straßen.

Olivia Putmans Blütenzweige

SEITE 22: *Unter einer* Clematis montana *stehen einige alte Töpfe und Kübel. Die* Anthemis *im Vordergrund bringt etwas Farbe in diese halbschattige Ecke.*
OBEN: *Das Blumenbeet wurde wie eine kleine Rabatte gestaltet. Neben Königslilien wachsen Doldengewächse und Lavendel.*
RECHTS: *Blick von oben auf den sommerlichen Essplatz. Dieser Teil des Dachgartens wird links von großer, gelber Wolfsmilch und malvenfarbenen Lobelien beherrscht; in der Mitte steht* Convolvulus cneorum, *während Kletterrosen und Jasmin die Wand begrünen.*

Der Dachgarten von Olivia Putman gleicht einem riesigen Blumenstrauß. Als Landschaftsarchitektin und begeisterte Botanikerin fiel es ihr nicht schwer, Farben zu einem ganzjährig blühenden Garten zu kombinieren. Sie hat sich seit mehreren Jahren auf die Gestaltung von Dachterrassen spezialisiert und jeder ihrer Entwürfe zeichnet sich durch Charme und perfekte Harmonie aus. Jeder Garten steht in Einklang mit der Aura des Standorts. Einen Dachgarten zu planen ist stets eine faszinierende Herausforderung. Immer – oder beinahe immer – gibt es Sachzwänge: Der verfügbare Platz ist zu schmal oder schlecht geschnitten, Blickpunkte in der Nachbarschaft müssen betont oder verborgen werden, oder das Mikroklima sagt den Pflanzen nicht zu (zu starker Wind oder zu viel Sonne). Olivia Putman wächst jedoch mit diesen Herausforderungen. Neue Ideen hat sie in ihrem eigenen Dachgarten ausprobiert. Hier denkt sie sich neue Pflanzenkombinationen aus und testet, ob sie mit dem Stadtklima zurechtkommen.

Als sie hierher ins 16. Arrondissement zog, standen auf der Dachterrasse nur einige nachlässig bepflanzte Kübel. Als Erstes legte sie Blumenbeete rund um die Terrasse an und stellte Tisch und Stühle auf den freien Platz in der Mitte. Eine zweite, schmale Terrasse verläuft entlang der Wohnung. Hier ließ sie *Trachelospermum jasminoides* und Hopfen über ein Gitter ranken.

Anders als man vielleicht glauben mag, ruht die Natur niemals. Daher kann ein guter Gärtner seine Pflanzen so wählen, dass sich das ganze Jahr über Blüten öffnen – so wie in diesem Dachgarten, der Monat für Monat in Farben versinkt. In den kühleren Monaten ist es der Winterjasmin *(Jasminum nudiflorum)*, dessen kleine, gelbe Blüten sich ab Januar öffnen (wenn auch gänzlich ohne Duft). Auf der winterlichen Terrasse blühen auch andere Pflanzen: Kamelien *(Camellia sasanqua)* von Herbst bis zum Winterbeginn, die grünliche *Helleborus orientalis* oder die Christrose *(H. niger)*, deren zierliche,

wandeln sie in riesige Blumensträuße. *Rosa chinensis* 'Mutabilis' gehört zu Olivia Putmans Lieblingsblumen. Ihre Blüten haben eine gedämpfte gelbe Farbe, die kurz vor dem Verwelken in ein dunkles Rosa wechselt. Im Dachgarten wachsen mehrere Waldrebenarten. Besonders bemerkenswert ist *Clematis montana* 'Rubens', deren hell- bis dunkelrosa, schwach duftende Blüten sehr lange hängen bleiben. Außerdem zieht sie die gefüllte 'Vyvyan Pennell' und *Clematis armandii* – beide immergrün.

Olivia Putman hat auch Wolfsmilch gepflanzt; sie liebt die eleganten, eingeschnittenen Blätter und die merkwürdigen gelbgrünen Blüten, die im Frühling

Das von Glyzinen bedeckte Rankgitter schützt den Sitzplatz vor Wind und hält ihn kühl.

OBEN LINKS: *Die prachtvollen, samtigen Blüten von* Iris sibirica *stehen auf langen Stängeln.* OBEN RECHTS: *Die malvenfarbenen Blüten von* Lavandula stoechas *sehen aus wie kleine Federhüte.*

erscheinen und oft bis zum Sommer Bestand haben. Im Sommer bestimmen die gelben Blüten der Wolfsmilch die großen Beete. Danach folgt das prachtvolle Farbenspiel von Levkojen und Lavendel, dessen graugrüne Blätter mit dem dunkleren Grün anderer Beete kontrastieren. *Convolvulus cneorum* beherrscht die Beetmitte – ein prachtvoller Strauch mit seidigen, silbrigen Blättern, der sich im Sommer mit rosa, später weiß verblassenden Blüten schmückt. Dabei hat er sich den Charme seiner wilden Verwandten wie Zaun- und Purpurwinde bewahrt.

»Ich habe eine große Bank aus Teak auf die Terrasse gestellt«, sagte Olivia Putman, »die einfache Kopie einer englischen Parkbank. Dieses Holz setzt mit dem Alter eine graue Patina an – Jahr für Jahr wird sie mehr und mehr mit dem Garten verschmelzen. Ich sitze lange darauf, ruhe mich aus, lese; eine inzwischen wunderschön patinierte Bronzeskulptur von Rheinoud und die Vögel, die meinen Garten schätzen, leisten mir Gesellschaft. Die Terrasse weist nach Osten zur aufgehenden Sonne und ist morgens einfach wunderschön.«

OBEN LINKS: *Die Waldrebe 'The President'. Olivia Putman hat die Farben ihrer Waldreben harmonisch abgestuft, von Blau über Malve bis Weiß.*
OBEN RECHTS: *Die wunderschönen Blütenstände des ungewöhnlichen* Phlox maculata.

Fantasievolle Kübel

OBEN: *Das Bubiköpfchen in der Riesenmuschel unter einer* Chamaecyparis-*Hecke täuscht verblüffend ähnlich einen algenbedeckten Teich vor.*
RECHTS: *Vor den Mandelbäumchen steht ein Korb mit blühendem Schopflavendel.*
NÄCHSTE DOPPELSEITE: *Der große Spiegel neben dem Fenster zum lichten Garten, in dem sich ein* Ficus lirata *spiegelt, erzeugt die Illusion von Tiefe.*

Die Besitzerin dieses Dachgartens glaubt, dass Kübel totale Freiheit erlauben: Die Freiheit zu pflanzen, was sie möchte, Kombinationen zu verändern, wenn die Farben gerade gut passen und die Freiheit, jeden möglichen Kübel zu verwenden (je ausgefallener desto besser) – nicht zuletzt kann sie alle verblühten Pflanzen einfach wieder entfernen. Sie hält Freiheit für einen wesentlichen Teil der Gartengestaltung. Genau aus diesem Grund liebt sie ihren Dachgarten. »Nur dort, wo wir ganz allein sind, können wir uns selbst entdecken. Wir haben die Freiheit zu tun, was wir wollen und unsere Zeit nach Belieben zu verbringen.«

Sie hat den Garten mit allen möglichen Dingen dekoriert: Von einer Freundin, der Antiquitätenhändlerin Nicole Alterao, stammen ein Spiegel, ein paar farbige Gläser, eine Sammlung von Flaschen, Plastiken aus Malaysia ...

Wirklich überraschend ist die Zahl der Tröge: Das in einer Riesenmuschel wachsende Bubiköpfchen *(Soleirola soleirolii)* erinnert an einen algenbedeckten Teich; Margeriten füllen ein Terrakotta-Becken, während ein Zinkkübel von Lavendel überquillt.

Die Mandelbäumchen neben der Bank schmücken sich Ende März mit zartroten Blüten. Sie hat die Kübel mit Mittelmeerpflanzen zusammen gestellt: Thymian, Rosmarin und Hybrid-Lavendel wurden mit Schopflavendel *(Lavandula stoechas)* kombiniert, dessen merkwürdige Blüten Ende April erscheinen. An der Mauer, die den Dachgarten umgibt, klettert ein großer Wilder Wein empor. Im Herbst verwandeln sich seine Blätter in einen Teppich aus allen Schattierungen von Rot; dann bilden sie den Hintergrund für zahlreiche Chrysanthemen – ebenfalls in Töpfen. Die dunkle, samtige Waldrebe 'Rouge Cardinal' ist ausgesprochen winterhart: Sie steht bereits seit 30 Jahren hier und ist der besondere Liebling der Besitzerin.

Ein Balkon voller Blumen

OBEN: *Reine Farben wie dieses sanfte Rosa prägen den Balkon.*
RECHTS: *Die Blüten von Dahlien, Schmuckkörbchen, Petunien, Glockenblumen, Pelargonien, Fuchsien und Begonien fügen sich zu einem prachtvollen Bild zusammen.*

Die Inderin Mohanjeet, die schon seit vielen Jahren in Paris lebt, liebt ihre Stadt. Sie betreibt eine Kunstgalerie für zeitgenössische indische Kunst und wohnt in Montparnasse im obersten Stockwerk eines Haussmann-Gebäudes. Die leidenschaftliche Gärtnerin hat ihren Balkon in ein einziges Blumenbukett verwandelt. Ihre Vorliebe gilt den reinen Farben, wobei sie warme Töne – Rot, Gelb, Orange – mit Pastellfarben wie Rosa und Weiß kombiniert. Mit kontrastierenden Farben erreicht sie die Wirkung feiner Stickereien oder Teppiche.

Auf dem Balkon stehen die unterschiedlichsten Pflanzen: Manche, wie der Fingerhut mit seinen hohen Blütenständen aus röhrenförmigen, purpurroten Blüten, erscheinen wild, andere, wie Zimbelkraut *(Linaria)* und Löwenmäulchen zieren die alten Mauern. Sie zieht neben traditionellen Balkonpflanzen, wie leuchtend bunten Hortensien, Knollenbegonien und Pelargonien, auch Pflanzen, die man eher auf einer Wiese erwarten würde. Dazu gehören Glocken- und Sonnenblumen, wilde Narzissen und pflegeleichte Blumen wie Stiefmütterchen und Petunien in hübschen Farben. Es gibt auch exotische wie Hibiskus und Kapuzinerkresse, neben einfachen Blumen wie Schmuckkörbchen und bescheidenen Kornblumen mit fröhlicher Stimmung. Schließlich sind da noch die komplizierteren Blüten, wie Chrysanthemen oder große gelbe und dunkle Dahlien.

Mohanjeets überbordender und ständig blühender Balkon ist eine fröhliche, farbige Brücke zwischen zwei alten Kulturen.

Eine farbenfrohe Terrasse

UNTEN LINKS: *Eine 'Anita Pereire'-Rose.*
UNTEN RECHTS: *Eine rot blühende Azalee.*
RECHTS: *Blick auf den Dachgarten vom oberen Stockwerk der Wohnung. Die weißen Blüten der Waldrebe und Margeriten heben sich vor einem Hintergrund aus Grüntönen ab.*

Die Dachterrasse dieses Hauses in einer Wohnstraße im 16. Arrondissement – ein Hort des Friedens und der Freude – gehört der Schmuckdesignerin Siki de Somalie. Hierher zieht sie sich zurück, um dem Lärm und Trubel der Stadt zu entfliehen. Die farbige Üppigkeit der Pflanzen bietet ihr unvergleichliches ästhetisches Vergnügen.

Wenn man diesen Dachgarten zum ersten Mal betritt, springen vor allem die prächtigen Blütenfarben ins Auge: In den Beeten wachsen rosa, rot, violett, orange, gelb und weiß blühende Pflanzen, dazu viele Duftpflanzen. Die Besitzerin liebt vor allem Jasmin, Gardenien, Orangenblumen, Hyazinthen, Bartnelken und duftende Pelargonien. Überall stehen Rosen in Blüte, insbesondere die herrliche elfenbeinfarbene 'Thérèse de Lisieux' und die kleine, kletternde 'Aloha' (eine tief rosa Remontant-Rose, die ihren Namen nach dem hawaiischen Gruß trägt).

Die Besitzerin liebt es, ihre Blumen umzustellen und Zuchtformen mit wilden Blüten zu kombinieren; daher findet man überall Margeritenstauden. Außerdem legt sie Wert auf Kontraste: Zerbrechlichen Mohn mit zierlichen, seidigen Blütenblättern kombiniert sie mit der hübschen, im Winter blühenden Nieswurz und dem sehr markanten Akanthus mit tief geteilten Blättern und beeindruckenden Blütenständen.

Die üppigen Pflanzen verleihen dem Dachgarten ein barockes Flair; einen wesentlichen Anteil daran haben die vorherrschenden, überreich blühenden Pflanzen, etwa die unter Blüten versinkenden Kletterrosen. Einer ihrer Lieblinge ist die Waldrebe *Clematis montana*, deren lange, mit sternförmigen Blüten besetzten Triebe über die Veranda reichen. Die kleinen Blüten einiger Fuchsien lassen nur kurz aufatmen, bis Bougainvilleen, Geißblatt und Passionsblumen – dazu viele hundert Alpenveilchen – den Garten wieder mit ihrer Farbenpracht erfüllen. Man kann die Atmosphäre dieses kleinen Fleckens Natur im Herz der Stadt in einem Wort zusammen fassen: Überfluss.

Die viktorianische Veranda mit den kannelierten Säulchen ist dunkelblau gestrichen und lässt so die Waldrebe, die große Bereiche überwuchert, besonders gut zur Geltung kommen. Sie wurde in einen bequemen Wohnraum verwandelt, der auf die bepflanzte Terrasse führt. Häufig steht das Zitronenbäumchen im Zimmer, nicht so sehr wegen der Kälte – das Pariser Klima kennt kaum tiefe Temperaturen –, sondern wegen des Duftes, den die Besitzerin gern im Zimmer hat. Auch die Mandarinenbäumchen werden häufig ins Zimmer gestellt. Sie duften zwar nicht, haben dafür aber umso dekorativere Blättchen.

Die Vielfalt der Farben macht den Dachgarten am Tag zu einer Quelle der Freude. Bei gutem Wetter, wenn man abends draußen essen kann, fühlt man sich wie auf dem Land. Dann erzeugen die Lampen über dem Tisch ein weiches, intimes Licht, das zu nächtlichen Gesprächen anregt.

OBEN: *Über der Veranda wächst eine weiße Waldrebe.*
LINKS: *Große Margeriten, Stiefmütterchen und Mohn.*
UNTEN: *Zimmerkallas und ein Orangenbäumchen neben einem Gartenstuhl aus Metall.*

Ein Rosengarten

UNTEN: *Blühende Rosen 'Catherine Deneuve'.*
RECHTS: *Eine* Chamaecyparis-*Hecke umgibt den Garten, der sich rund um das Appartement zieht. Ein Weg aus Natursteinplatten führt durch den Rasen, den eine herrliche Sammlung von Rosen säumt.*

Von dieser Dachterrasse mit Tausenden von Blüten blickt man auf den Bois de Boulogne, der sich bis zum Horizont zu dehnen scheint. Dennoch haben die Besitzer eine *Chamaecyparis*-Hecke gepflanzt – als Windschutz für die übrigen Pflanzen. Begonnen hatten sie mit einer Zeder, um ein Element des Waldes aufzugreifen. Der Baum wurde jedoch zu hoch und musste entfernt werden. Die Dachterrasse um die Wohnung ist wie ein »echter« Garten angelegt. Es gibt einen Rasen mit Tritten aus Natursteinen, Bäume (blaue und grüne Kiefern und 'Floribunda'-Magnolien) und zahlreiche Blumen: Rote und weiße Kamelien, die sehr lange blühen, Zierquitten und zahlreiche Rhododendren und Azaleen. Der wirkliche Schatz dieses Dachgartens ist jedoch die prachtvolle Rosensammlung, darunter rote Rosen, Teehybriden, weiße Rosen (etwa 'Iceberg') und gelbe Rosen, wie die unvergleichliche 'Mermaid'.

Terrasse mit Stockrosen

»Wir hatten einen Balkon und träumten von einem Dachgarten voller Blumen«, sagen die Besitzer. »Es waren einige Umbauten nötig, dann erfüllte sich unser Traum. Wir verkleinerten unsere Wohnung um ein paar Quadratmeter, um einen größeren Balkon mit mehr Licht zu schaffen.« Nachdem sie Unmengen von Erde herbei geschafft hatten, verwandelten sie ihren Balkon in einen prachtvoll blühenden, intimen Garten – komplett mit automatischem Bewässerungssystem.

Hohe Eiben bilden den Hintergrund für die üppigen Beete. Hyazinthen, Tulpen und Krokusse erscheinen als Erste, wenn der Winter vergeht. Dann blühen Einjährige und Kletterpflanzen. Hier gedeihen die Waldreben in rund einem Dutzend Sorten in Farben von Weiß bis Blau; von Frühling bis Sommer ist mindestens eine in Blüte. Den Anfang macht *Clematis montana.* Sie wächst neben Geißblatt, Remontant-Rosen und Lupinen mit feinem, pfeffrigem Duft. Einige rosa Strauchpäonien sorgen für ein kurzes aber üppiges Zwischenspiel. Dann blühen die köstlich duftenden Lilien, die wiederum von Stockrosen abgelöst werden, die hier prachtvoll gedeihen.

Während Blütensträucher in Weiß, Rot und Rosatönen (große Strauchrosen, Rhododendren, Azaleen und Hortensien) den Beeten Höhe verleihen, sorgen einige Margeriten für ein spontanes, frisches Flair.

Wie in einem ländlichen Garten fehlen auch die Obstbäume nicht – neben anderen ein Apfelbaum und ein veredeltes Pfirsichbäumchen, das delikate Nektarinen trägt. Wein umrankt die Pergola und ein Zitronen- und ein Olivenbäumchen geben dem Balkon einen Hauch von Südfrankreich. Ab und zu kommen Rotkehlchen und Amseln vom Garten des nahen Rodin-Museums auf einen Besuch vorbei.

OBEN: *Der Gartentisch inmitten der Blüten steht für Gäste bereit.*
LINKS: *Der üppige Garten scheint aus dem Süden Frankreichs nach hier versetzt zu sein. In den überbordenden Beeten wachsen* Clematis montana, *Stockrosen und Ziertabak (im Vordergrund).*

Ein Garten unter Glas

OBEN: *Ein prachtvoller Akanthus in voller Blüte.*
RECHTS: *Der Blick fällt über ein Beet mit weißen Weinrosen auf die Kuppel der Kirche.*
SEITE 46: *Vor dem Gewächshaus stehen Töpfe mit Stiefmütterchen und Rhododendren.*
SEITE 47: *Im Innern drängen sich Töpfe und Blumen.*

Dieses Split-Level-Appartement besitzt zwei miteinander verbundene Terrassen. Die kleinere liegt vor dem Schlafzimmer; die größere – sie liegt auf der unteren Ebene – zeichnet sich durch ein großes Rosenbeet aus. Die Kuppel der nahen Kirche gibt dem Ganzen einen italienischen Anstrich. Die wilden Weinrosen blühen üppig, ihre weißen Blüten heben sich prachtvoll vor dem dunkelgrünen Laub ab. Die Eigentümerin, eine Amerikanerin in Paris, hat ihre Terrassen mit Rankgittern eingefasst, auf denen sie eine eher seltene Hortensie zieht – *Hydrangea petiolaris.* Sie hat kleine, hellgrüne, rundliche Blätter und schmückt sich mit entzückenden, weißen, nach Honig duftenden Blüten. Daneben wachsen Waldreben und Wilder Wein, die die Gitter mit einem dichten Blattvorhang überziehen.

Auf den Terrassen verteilt stehen Töpfe und Kübel mit zu Kugeln geschnittenem Buchsbaum und Lavendel – zum Teil ebenfalls beschnitten, zum Teil auch frei wachsend. Auch eine *Hydrangea quercifolia*, mit Blütenständen aus elfenbeinweißen Blüten mit rosa Zentren, wächst im Kübel. Ihre großen, gezähnten Blätter erinnern an das Laub amerikanischer Eichen, die sich im Herbst tiefrot verfärben. In den Beeten findet man weitere überraschende Pflanzen, etwa Akanthus neben Strauchpäonien und Azaleen. Einige Einjährige – weiße Stiefmütterchen und Wicken – steuern noch mehr Farbe bei, während mehrere 'Iceberg'-Rosen den Herbst mit ihren schillernd weißen Blüten zieren.

Das Gewächshaus erinnert mit seinen Vogelkäfigen und Kästen voller Zwiebeln und Stecklingen an eine Werkstatt. Hier steht auch die Lieblingspflanze der Familie: ein Olivenbaum, der genügend Früchte für einen Liter Öl trägt.

Robinsons Hütte mitten in Paris

Manche Dachgärten wirken wie das Freiluftatelier eines Künstlers – ein kreatives Chaos voller Überraschungen. Sie zu erkunden, gleicht einer Entdeckungsreise durch einen Dachboden, dem Gefühl von Freiheit auf einer Wiese oder von Frieden in einer Wüste. Wenn der Wind weht und die Sonne scheint – nicht zu vergessen der Klang der Stille – stellt sich ein wundervoll wohliges Gefühl ein. Die Pariser Robinsons haben den Geist von Forschern, Kunstsammlern und Antiquitätenhändlern und häufig auch einen grünen Daumen. Sie alle schätzen die tägliche Freude, einen Raum zu besitzen, in dem sie ihre Kreativität frei spielen lassen dürfen.

Bezauberndes Chaos

SEITE 48: *Eine kleine Hütte umgeben von wilden Pflanzen, im Herzen von Paris.* UNTEN: *Auf den Dächern wächst eine ungeheuer reichhaltige Pflanzenwelt.* RECHTS: *Das Laub von* Hydrangea petiolaris *und Bambus verbirgt eine Treppe und eine Tür. Unter dem Grün scheint das Haus zu verschwinden.*

Für den bekannten Landschaftsdesigner Camille Muller besteht die Kunst der Gartengestaltung darin, sich Zeit zu nehmen. Die Natur hat ihren eigenen Rhythmus, den man nicht stören sollte. Daher scheinen die Pflanzen in seinen Gärten nach Belieben zu wachsen. Sein Lehrer Gilles Clément, Professor an der Hochschule für Landschaftsgestaltung in Lille, nannte es »ein angenehmes Durcheinander«, in dem Kurven und Massen wichtiger sind als geometrische Formen. Als Muller, der Sohn eines Bauern, nach Paris kam, fand er die Stadt zu inhuman. Also suchte er nach einer Wohnung, um sich ein Refugium zu schaffen, eine »Hütte im Wald«. In der Tat kennt er den Wald seit seiner Kindheit. »Meine Großmutter schickte mich los, um Brombeeren, Zweige von Pfaffenhütchen und wilde Rosen zu sammeln. Ich habe sie in meinem Heimatdorf im Elsass auf dem Dach eingepflanzt, sodass sie am Muttertag blühten.«

Camille fand seine »Hütte« in Paris: einen überdachten Hof und einen Patio am Haus. Er verwandelte das Dach in eine Terrasse mit einem herrlichen hängenden Garten. Hier fühlt er sich zu Hause, er sitzt auf dem Dach wie auf einer Insel, umgeben von Pflanzen und nur den Himmel über sich. Alles gedeiht hier; er hat viele der Pflanzen woanders gerettet und gibt ihnen hier eine zweite Chance. Der von Mauern umschlossene Dachgarten wird von Pflanzen überwuchert: Wein, Efeu, Geißblatt und Rosen, er ist also fast immergrün.
Camille Muller nutzt jeden Zentimeter seiner Terrasse, auch viele der Dachschrägen, um Töpfe und größere Kübel aufzustellen. An der Stelle, wo die Vorbesitzer ihr Holz lagerten, richtete er eine kleine Eckterrasse ein und pflanzte ein Ölbäumchen. Überall wachsen Blumen: wilde Balsaminen, Goldlack, Alte Rosen, darunter eine prachtvolle 'Ronsard' und Duftgeranien. Außerdem zieht er herrliche, weiß blühende Sträucher *(Sorbaria)*; eine Akebie, die im Frühling rot blüht und Ölweiden *(Elaeagnus angustifolia, E. commutata)* mit süß duftenden Blüten. Als sei dies nicht genug, findet man sogar einen riesigen Topf mit Buchsbaum neben einer großen Zypresse, einen Spalierapfel, Wilden Wein *(Parthenocissus quinquefolia)* und ein paar Tomaten.
»Da ich hier zu Hause bin, gebe ich der Unordnung mehr Raum als sonst«, gibt Camille Muller lächelnd zu. »Es begann zufällig mit einem Liguster, dessen Samen vielleicht von einem Vogel hergetragen wurden. Ich liebe den Duft seiner Blüten.« Alle Pflanzen wachsen in Kübeln und werden automatisch bewässert. Da das Wasser in ein Bassin mit Goldfischen abfließt, verwendet er nur Knochenmehl als Dünger. »Am meisten freue ich mich über die Vögel, die sich jede Nacht einstellen: Amseln, Stare, manchmal sogar Fledermäuse. Einmal habe ich ein Experiment gemacht. Ich habe einen Portugiesischen Kohl gepflanzt, um zu sehen, ob sich auch ein Kohlweißling einstellen würde. Eines Tage sah ich auf und tatsächlich, der weiße Schmetterling umschwirrte meinen Kohl!«

OBEN: *Ein reizendes Vogelhaus an der Mauer.*
LINKS: *Diese prachtvolle Terrasse sieht aus wie ein ländlicher Garten.*
UNTEN: *Eine italienische Glaslampe, die an einer Zypresse hängt, beleuchtet die Treppe.*

Die Hütte des Gärtners

OBEN: *Vor den großen Terrakottatöpfen mit Kirschbäumen stehen Glasglocken, die Cléophée de Turkheim entworfen hat.*
RECHTS: *Kieswege, eine niedrige Mauer im Hintergrund und das ziegelgedeckte Dach erzeugen den Eindruck eines echten Landgartens. Im Vordergrund rechts wächst* Hydrangea quercifolia *und links ein Beet mit Zierlauch.*

Es ist keine Kleinigkeit, einen Gemüsegarten zu unterhalten: Man braucht viel Zeit und guten Boden. Vielleicht war es eine verrückte Idee, einen solchen Garten auf dem Dach anzulegen, doch sollte man auch bedenken, welche Freude es macht, seine »Felder« zu inspizieren, Schnecken abzuwehren, mit kleinen Werkzeugen zu graben und zu hacken und vor allem, sein eigenes Gemüse zu genießen.

Dieses Haus wurde in den 1930er Jahren als Künstleratelier von Auguste Perret erbaut und hat zwei Terrassen. Von der ersten, einem friedlichen Ort mit Reihen von beschnittenem Buchsbaum und nüchternem Charme, blickt man über den Garten. Die zweite liegt auf dem Hausdach. Sie ist der ganze Stolz der Besitzerin, einer Journalistin, die sich auf Gärten spezialisiert hat. Sie macht sich gern die Hände schmutzig, nimmt Stecklinge ab und sieht ihren Pflanzen beim Wachsen zu; daher zögerte sie nicht, die 90 Quadratmeter große Terrasse in einen blühenden Gemüsegarten zu verwandeln.

Efeu und Geißblatt bedecken die Mauern um den Dachgarten. Kirschbäume und Efeu, die zu kugeligen Formen beschnitten wurden, stehen in einer Reihe großer Terrakottatöpfe neben einer kleinen Weide, deren knorriger Stamm sich an eine Wand anlehnt. Die vier großen, mit Holz eingefassten Beete, in denen Gemüse und Blumen wachsen, werden durch Kieswege erschlossen.

In einem der Beete wachsen ausschließlich Kräuter; es stellt einen Miniatur-Küchengarten mit verschiedenen Arten von Minze, Thymian, Zitronenmelisse, Petersilie und Basilikum dar. Direkt daneben wächst eine wunderschöne Floribundarose, 'Fée des Neiges', mit großen reinweißen Blüten, deren feiner Duft sich mit dem kräftigen Aroma der Kräuter verbindet. In den anderen drei Beeten stehen enge Reihen von Gemüse: Rettiche, Kopf- und andere grüne Salate, darunter Römischer, Endivien- und Eichblattsalat, grüne und rote Bohnen, sogar einige winzige, duftende Walderdbeeren.

Der Dachgarten ist nicht sehr groß, daher reichen ein paar mittelgroße Pflanzen, um ihm Struktur zu geben. Das prachtvolle Laub von Engelwurz und Akanthus – dazu einige Ziergräser – balancieren die strenge Geometrie der Beete aus. Außerdem wachsen hier große Sträucher, wie *Hydrangea quercifolia* und rustikale Japananemonen, die gut zu einem weißen Schmetterlingsstrauch passen.

Eine Bank, ein paar Hocker und rote chinesische Stühle stehen um einen Arbeitstisch mit Schildchen, Scheren und Töpfen in allen Größen herum. Im Frühling wachsen vor allem Osterglocken, Jonquillen, Narzissen und Tulpen in den Beeten. Im Herbst sorgen Astern und die rundlichen Blätter von *Vitis coignetiae* für einen Farbenrausch.

LINKS: *In den beiden holzgefassten Beeten wachsen Gemüse und Kräuter, im Vordergrund stehen Ziergräser und ein Mammutblatt.*
UNTEN LINKS: *Zum Ende der Vegetationszeit bleiben die Hagebutten wie Blüten stehen und bilden den ganzen Winter über dekorative Blickpunkte.*
UNTEN RECHTS: *Zahlreiche Töpfe warten auf neue Pflanzen.*

Efeu und Geißblatt

OBEN: *Die farbige Glaslampe aus Indien hängt an einem mit Geißblatt bewachsenen Balken.* RECHTS: *In der Nacht erzeugen mehrere Lampen eine poetische Stimmung unter der Pergola, die mit Efeu, Jasmin, Geißblatt und goldenem Hopfen bewachsen ist.*

Ursprünglich besaß das oberste Stockwerk in dem Haussmann-Gebäude im 7. Arrondissement gar keine Terrasse, sondern nur eine kleine Dachschräge, die der Eigentümer nicht nutzen konnte. Also bat er den Architekten Bernard Wautier Wurmser um eine Umgestaltung. Er ließ das Dach entfernen und statt dessen eine lange, schmale Terrasse anlegen. Ihr besonderer Charme besteht in der Qualität der Materialien. Teakplanken bedecken den Boden und auch die starken Rankgitter bestehen aus Holz, das im Alter Patina ansetzt. Das Gitter wird vollständig von Efeu und Geißblatt überwuchert, hinzu kommen eine wunderschöne, weiße Glyzine, duftender Jasmin und Hopfen.

Der Besitzer reist leidenschaftlich gern und brachte aus Indien alte Lampen aus tief grünem und blauem Glas mit. Sie hängen von den mit Pflanzen bewachsenen Balken herab. In der Nacht spenden sie ein geheimnisvolles, sanftes Licht, das dem Garten im Herzen der Stadt eine exotische Atmosphäre verleiht. Auch die vier Fenster, die auf die Terrasse führen, werden von kleinen Lampen erhellt.

»Was wir besonders mögen«, meint der Besitzer, »ist der unaufdringliche Stil, der an einen kleinen, gemischten Garten erinnert. Ich habe eine Pfeifenblume mit merkwürdigen Blüten in die Kübel gepflanzt; dazu *Actinidia*, einen aus China stammenden Strauch, der im Juni hübsch weiß blüht und Kiwi, Passionsblumen und ein paar Hortensien – alle in weißen Schattierungen, um eine harmonische Farbstimmung zu schaffen.«

Die von dem Rankgitter geschützte Terrasse bietet den bezaubernden Anblick eines wohl geordneten Chaos; sie scheint gleichzeitig vernachlässigt und doch elegant, was sie der akribischen und sorgfältigen Pflege verdankt. Der Besitzer isst gern in dieser intimen Atmosphäre im Freien. Morgens gehört der Garten den Vögeln.

Eine andere Welt

Diese Dachterrasse auf einem Haus der 1930er Jahre in Neuilly gehört einer leidenschaftlichen Gärtnerin; sie hat sich vor Jahren dazu entschieden, den bestehenden Tennisplatz in einen hängenden Garten zu verwandeln. Da sie sehr intensiv Asien bereist hatte, wünschte sie sich einen Garten mit fernöstlichem Flair, der an die weite Welt erinnert. »Eines Tages«, so sagt sie, »sah ich im Jardin des Plantes einige wunderbare Ziergräser und gleichzeitig half mir ein überaus bereitwilliger Gärtner dabei, Pflanzen für meinen Dachgarten auszuwählen. Ich liebe Gärten, aber in dieser Höhe sind Blumen sehr heikel. Also schienen mir Bambus und Gräser die beste Lösung zu sein. Vielleicht gehörte ich zu den Ersten, die Ziergräser auf ihre Dachgärten pflanzten. Ich habe sie in England gekauft.«

Zunächst baute sie eine Weidenhütte und einen Sandkasten für ihren kleinen Sohn. Im nächsten Frühling hatten die Weiden in dem feuchten Sand Wurzeln geschlagen und die Hütte wurde grün. So viel sie auch schnitt, die Weide wuchs weiter. Schließlich war der kleine Junge zu groß und seine »Hütte« inzwischen schon fast ein Baum – eine Weide mit langen, geschmeidigen, gelben Zweigen.

Eine Hecke aus Baumheide, Farnen und Stechginster dient als Windschutz. Darüber hinaus ragen dicke Bambusrohre; sie dienen der Verankerung und geben der Hecke japanisches Flair. Über Teilen der Einfassung wachsen Kiftsgate-Rosen, Geißblatt und Wein.

In geometrisch geformten und angeordneten Pflanzkübeln wachsen weitere Ziergräser und Bambus: Zwei Sorten von Schilfrohr aus der Provence *(Arundo donax* mit der prächtigen Sorte 'Variegata'), neben Chinaschilf *(Miscanthus sinensis)*, Pampagras, vier Sorten Papyrus (darunter auch die Art *Cyperus papyrus)* und Schachtelhalme. Alles scheint, dank des automatischen Bewässerungssystems, wie in einem heißen, feuchten Klima zu gedeihen.

OBEN: *Neben der Hütte steht eine exzentrische Schönheit:* Salix matsudana, *eine Korkenzieherweide.*

LINKS: *Das Bewässerungssystem aus Bambusrohren hält die Erde im Becken unter der Birke feucht und kühl, sodass Feuchte liebende Ziergräser wachsen können.*

NÄCHSTE DOPPELSEITE: *Die wie zufällig arrangierte Sammlung von Steinen und Objekten auf dem Pflaster um die Blumenbeete bringt die Kübelpflanzen, wie die Hasel, gut zur Geltung.*

OBEN LINKS: *Das helle Grün von* Eriophorum angustifolium, *Schwertlilien und* Ophiopogon japonicum *setzt sich effektvoll gegen grauen Stein und das verwitterte Holz ab.*
OBEN RECHTS: *Die gerundeten Formen der Steine und des Mini-Steingartens stehen im Kontrast zu den unterschiedlichen Blattformen der Topfpflanzen.*

Natürlich gibt es ein Beet für Kräuter mit Fenchel, Knoblauch, Melisse und einige japanische Kräuter, darunter die an Ingwer erinnernde *myoga* und *mitsuba* (japanische Brunnenkresse). Eines der Beete ist dem Gemüse vorbehalten, unter anderem wachsen dort Zwergmöhren. Daneben gibt es weitere Nutzpflanzen. Ein Olivenbaum liefert jedes Jahr Früchte, eine Zwerghasel Nüsse, der Weinstock liefert sechs Kilogramm Trauben, nur die Ernte der Kirschbäume richtet sich danach, was die Vögel übrig lassen.
Zu den seltenen Blumen, die in diesem Dachgarten wachsen, gehört ein schokoladenfarbenes Schmuck-

körbchen, das aus Großbritannien stammt. Überraschend ist auch die wunderschöne Sammlung von Stechpalmen: Darunter sind viele Sorten mit kleinen oder gelb panaschierten Blättern.

Um die Beete hat die Besitzerin zahlreiche Objekte als Tribut an die Natur arrangiert: Steine, Baumstümpfe, Kiesel und Schalen. Als sie und ihr Mann einen Riesenbaumstumpf aus der Gegend von Sologne nach Hause brachten, mussten sie ihn in einem Laken nach oben schleppen, denn der Aufzug geht nicht bis zum obersten Stockwerk.

OBEN LINKS: *Die Blätter von* Imperata cylindrica *'Rubra'*, Geranium *'Johnson's Blue' und einer Kilmarnock-Weide bilden eine farbliche Harmonie.*
OBEN RECHTS: *Ein kurzes Gedicht, in weißer Farbe auf Schiefer geschrieben, preist den Bambus* Pseudosasa japonica.

Hinter den Birken

Wenn man seinen Fuß in dieses kleine Paradies setzt, ist die Monotonie der Straße rasch vergessen. Die Terrasse erstreckt sich über drei Ebenen und wird auf drei Seiten durch eine Birkenhecke geschützt – die Bäume stammen aus einem Wald. Sie fühlen sich in ihren halbierten Kanistern offensichtlich wohl. Die Besitzer wollten sich eine einfache und friedliche Welt schaffen, abgeschirmt vom Lärm der Stadt. Im Sommer essen und schlafen sie häufig auf der Terrasse. Hier haben sie alles, was sie brauchen, von Kerzen über einen Tisch bis zum Moskitonetz.

Während des ganzes Jahres ist irgend etwas in Blüte. Im Frühling erscheint der Flieder, gefolgt von dem üppigen Farbenrausch der Schwertlilien, während die Hortensien im Sommer blühen. Verschiedene Pelargonien sorgen von April bis Dezember für Farbe. Sie wachsen neben Gartenwicken, *Cornus, Viburnum,* Lorbeer und Orangenblumen.

UNTEN: *Ein großer Raum, der sich zu den schützenden Birken öffnet, dient als Gewächshaus für Pflanzen wie Hortensien, Petunien und Pelargonien, die im Freien nicht überwintern können.*
RECHTS: *Sehr ungewöhnlich wirkt dieses über die Wand gespannte Netz, das als Unterlage für Kletterpflanzen dient.*

Erstaunliche Terrassen

Terrassen im Himmel von Paris sind erklärtermaßen besondere Orte, weit entfernt von der städtischen Realität tief unter ihr. Häufig sind sie überraschend – vielleicht weil sie keinem Zweck dienen. Hier ist alles möglich; nichts schränkt die kreative Fantasie ein: Schwimmbecken, um unter den Wolken zu schwimmen oder Gemüsegärten, die an Arbeiten von Surrealisten erinnern. Diese erstaunlichen Terrassen sind wie Tore in eine Traumwelt.

Andrée Putmans Terrasse

Andrée Putman schätzt *joie de vivre* und die Freiheit ihrer Terrasse – beides unverzichtbar für ihre kreative Arbeit. Sie hat ihrer Vision in Form eines großen, geschützten Raumes, der von Dächern und Mauern mit Efeu und Geißblatt umgeben wird, feste Gestalt gegeben. Dieser in sich geschlossene Dachgarten lebt von der dynamischen Veränderung der Pflanzen wie von ihrem Gespür für zeitgenössisches Design. In der Tat sind auf Andrée Putmans Terrasse viele Designer vertreten: Die Liegestühle wurden von Mallet-Stevens entworfen und die aus Steinen geformte Bank stammt von dem Antiquitätenhändler Comoglio. Sie ist in einem aschgrauen Blau angestrichen, wie das Haus ihrer Kindheit oder der Farbe verwehenden Zigarettenrauchs. Eine Wetterfahne des Künstlers Rolland Roure hebt sich gegen den blauen Himmel ab; sie ähnelt einem Drachen und trägt auf einer Seite ein rotes, auf der anderen ein blaues Gesicht.

SEITE 68: *Eine große, gelb blühende Kletterrose ('Landora') wächst auf dem Rankgitter mit Durchblick auf den Eiffelturm.*
UNTEN: *Die Küche liegt etwas tiefer als das Bodenniveau und ist wie ein Gewächshaus konstruiert. Die Arbeitsfläche hat daher fast die gleiche Höhe wie der Terrassenboden.*
LINKS: *Den Liegestuhl im Vordergrund rechts hat Mallet-Stevens entworfen. Er steht neben einem großen Kübel mit Akanthus, dessen Glasmosaik an Gaudí erinnert.*

OBEN: *Die Wetterfahne hat Rolland Roure gestaltet.*
RECHTS: *Neben den Liegestühlen steht eine skurrile Bank von Comoglio mit einer arabeskenhaften Lehne.*
UNTEN: *Diese österreichische Kugel, halb verborgen zwischen den Blättern, soll Glück bringen; in ihr spiegelt sich ein Teil der Terrasse.*

Von Kreativität zeugen aber nicht nur die Möbel. Es gibt andere, bescheidenere Objekte, wie ein großer Kübel mit Akanthus, eine rustikale und gleichzeitig raffinierte Blume. Früher war dieser Kübel ein Fass; es ist mit Mörtel verputzt, in den bunte Glassplitter eingedrückt wurden – ein Tribut nicht nur an die Einlegetechnik des spanischen Architekten Gaudí, sondern auch an die Versuche von Bergarbeitern des Nordens, ihren tristen Alltag etwas aufzuhellen.

Trotz ihrer zahlreichen gesellschaftlichen Verpflichtungen ist Andrée Putman vor allem Künstlerin und muss von Zeit zu Zeit allein sein, um zu träumen und zu reflektieren. Was sie an diesen Augenblicken völliger Freiheit vor allem schätzt, ist die Einheit mit der Natur – zumindest mit einem kleinen Fleck Natur, den sie sich selbst geschaffen hat.

Man hört den Wind auf dieser Terrasse, die summenden Insekten und die Vögel, die lärmend zu ihren verborgenen Nestern hinter dem Efeu fliegen.

Sie verbringt viel Zeit in ihrem Gewächshaus. Von außen sieht es wirklich wie ein Gewächshaus aus, in Wirklichkeit ist es jedoch eine andere Art von verborgenem Garten: Andrée Putmans Küche mit einem offenen Glasdach zum Himmel, einem großen Tisch und Bistrostühlen. »Ich koche sehr gern, es ist fast dasselbe, wie sich um Pflanzen zu kümmern. Genauso wie mir die Natur hilft, zu mir selbst zu finden, fühle ich mich auch im Einklang mit mir selbst, wenn ich ein Essen vorbereite. Hier komme ich mir vor wie auf dem Deck eines Schiffes.«

Früh morgens ist sie besonders gern auf der Terrasse; sie mag die frischen Farben der Dämmerung und die Schnelligkeit, mit der die Sonne aufgeht und sich das Licht ändert. Sie wird nie müde, den dauernden Wandel der Jahreszeiten zu beobachten oder die ersten Farben der Frühblüher zu betrachten. Andrée Putman weiß, dass geteilte Freude doppelte Freude ist – und im Teilen ist sie besonders gut. Sie hat für ihre Enkel Walderdbeeren neben dem Bambusdickicht und den Magnolien gepflanzt. »Es bereitet mir viel Freude, wenn ich sehe, wie sie wie ein Schwarm Spatzen umherschwirren, um nach den süßen, aromatischen Früchten zu suchen.«

Terrasse mit Bad

UNTEN: *Von diesem herrlichen Bad mit Whirlpool gelangt man auf die Terrasse.*
RECHTS: *Glyzinen und Rosen wachsen über die weiße Pergola – ein starker Kontrast zu dem verwitterten Grau der Holzplanken. Links ist noch das prachtvolle Laub einer Aralie zu sehen.*
NÄCHSTE DOPPELSEITE: *Die strenge, architektonische Wirkung des weißen Gitters wird durch die Kletterrose und Fenster etwas gebrochen. In der Mitte steht der große türkisblaue Steintisch. Die weiße Metalltreppe führt zur oberen Terrasse.*

Da es im Sommer auf dieser nach Süden weisenden Terrasse sehr heiß wird, wurde sie mit einem Rankgitter abgeschirmt, auf dem Glyzinen und Kletterrosen wachsen. Es gibt nichts Schöneres, als im kühlen, von Duft erfüllten Schatten zu sitzen; vor allem, weil das weiß gestrichene Holz der Konstruktion an einen Urlaub am Meer erinnert. Zudem erzeugt das intensive Türkisblau des Steintisches in der Mitte der Terrasse die Illusion eines Pools.

Die kleine obere Terrasse führt zu einem Bad mit Whirlpool. Von hier gelangt man in einen Dachgarten mit zu Kugeln beschnittenen Buchsbäumen, kleinen Ahornen in Kübeln und dem herrlichen, in dichten Horsten wachsenden Ziergras *Miscanthus*, das im Herbst blüht. Auf dem Sternmoos, einer weichen, polsterförmigen Pflanze, die im Frühling weiß blüht, liegen Steine. Über das Geländer kriecht ein japanisches Geißblatt, das den Vordergrund für den Blick auf den Invalidendom bildet.

Schwimmen unter freiem Himmel

OBEN: *Trittsteine aus Terrakotta führen durch den Rasen.* RECHTS: *Magnolien und Kamelien stehen in Töpfen um den Pool.* NÄCHSTE DOPPELSEITE: *Beete mit Mahonien, Azaleen, Rhododendren und Orangenblumen grenzen Gartenräume ab, die von großen Bäumen, wie Amerikanischen Rotkiefern, dominiert werden.*

Diese Terrasse auf dem Dach eines großen Gebäudes in Neuilly ist ein wirklicher Garten, der sich rund um das Penthouse erstreckt. Herzstück dieses Gartens ist ein smaragdgrüner Pool. Um das Becken stehen mit *Magnolia grandiflora* bepflanzte, große Terrakottakübel, die ein Gefühl von Weite erzeugen. Ihr Laub harmoniert auf das Beste mit den Blättern von *Camellia japonica*, die vor einem weißen Gitter wachsen; seine ovalen Öffnungen schaffen wie Medaillons eine Reihe zauberhafter Durchblicke.

Rosa Platten aus Terrakotta im Rasen führen durch den Garten. Hier wachsen zahlreiche Bäume, unter denen Blumenbeete eine Illusion von Tiefe erzeugen. Pinien und Palmen geben Beeten Struktur, in denen Bambus, Orangenblumen und rosa Azaleen im Wechsel mit weißen Rhododendren wachsen. Großblättrige Funkien unter einem Ahorn mit elegant eingeschnittenen Blättern breiten sich bis in den Rasen aus. Das tiefe Grün ihrer Blätter gleicht Seerosen, die auf einem stillen Teich treiben.

Die Beete sind kleine, grüne Haine, die durch grüne Wege verbunden werden. Der Besucher möchte sich in ihrem kühlen Schatten ausruhen, vielleicht unter dem weiten Himmel intime Gespräche führen. Blumen wachsen neben Obstbäumen, während sich weiße Päonien und duftende Alte Rosen, Fingerhüte und elegante Astilben in vielen Schattierungen von Rosa und Rot unter Kirsch-, Birn- und Pfirsichbäumen wohl fühlen. Meist wird die Erntezeit mit großer Spannung erwartet, obwohl sich fast immer die Vögel zuerst ihren Anteil holen.

Selbst im Winter erscheint der Garten selten trist, denn viele der Gewächse sind immergrün. Die schönste Zeit des Jahres ist jedoch der Frühling, wenn die Zwiebeln und Knollen austreiben, wenn Krokusse, Narzissen und wundervoll duftende Hyazinthen in voller Pracht das neue Gartenjahr einläuten.

Wie ein Ozeandampfer

Steht man auf der großen Terrasse auf dem Dach eines Hauses, das Gunsberg, ein Schüler von Le Corbusier, entworfen hat, glaubt man sich an Bord eines Ozeandampfers versetzt: Starke weiße Elemente gliedern die einzelnen Räume wie die Verkleidungen eines Schiffes. Diese kraftvolle architektonische Geometrie wird durch einen imponierenden Schornstein und die schimmernd blaue Oberfläche eines Swimmingpools noch akzentuiert.

Auf der Terrasse blüht es im Überfluss. Die Saison beginnt mit *Lavandula stoechas*, dem Schopflavendel, und Winterjasmin mit gelben Blüten. Darauf folgen Waldrebe und Rosen, darunter die köstliche, tiefrosa Bourbonrose 'Mme. Isaac Pereire'.

Zierliche Japanische Astern und *Hebe salicifolia*, die Strauchveronika, sorgen für einen festlichen und farbigen Herbst.

UNTEN: *Der Schornstein neben dem Pool scheint von einem Ozeandampfer in die Stadt versetzt zu sein.*
LINKS: *Die herrliche Alte Rose 'New Dawn' versinkt in Blüten und versperrt fast den Blick auf den Eiffelturm.*

Spiel der Spiegel

UNTEN: *Diese jungen Birnbäume – sie sind als Fächerspalier erzogen – sollen zu einem Windschutz heranwachsen.*
RECHTS: *Der weite Blick und die unendlichen Variationen des abendlichen Paris spiegeln sich in den Spiegeln an den Schornsteinen wider.*

Diese Wohnung gehörte Félix Houphouët-Boigny, dem Präsident der Elfenbeinküste, der den Blick über die Dächer von Paris liebte. Die neuen Besitzer verliebten sich ebenfalls in diesen Ort mitten im Herzen von Paris, vor allem jedoch in seine Terrasse: Sie bietet trotz eines Waldes aus Schornsteinen immer noch einen prachtvollen Panoramablick.

Da die Besitzer sehr darauf bedacht waren, das Beste aus den merkwürdigen Bestandteilen der Terrasse zu machen und moderne Materialien verwenden wollten, kamen sie auf die Idee, die Schornsteine mit Spiegeln zu verkleiden, in denen sich Himmel und Ausblicke in endloser Folge spiegeln. Da sie auch das übrige Design durchgängig zeitgenössisch halten wollten, stellten sie Ölfässer auf und verwandelten sie in große Metallcontainer für Pflanzen.

Die Terrasse liegt auf derselben Ebene wie die Wohnung, während man über eine Aluminiumtreppe auf eine

zweite, kleinere Ebene aufsteigen kann. Neben einem Durchgang, der sich perfekt für Sonnenbäder eignet – er wird vor neugierigen Blicken durch eine Tamariskenhecke abgeschirmt –, wurde eine Dusche installiert.
Der mittlere Teil der großen Terrasse ist nicht völlig eben. Der Landschaftsarchitekt Pascal Cribier entschied sich jedoch dafür, die einzelnen Ebenen beizubehalten. Statt alles einzuebnen, schuf er ein niedriges Blumenbeet. »Ich wollte einen Obstgarten im Beet anlegen«, sagt der Besitzer, »mit echten Obstbäumen und wilden Pflanzen darunter.« Daneben wachsen hier ein Judas- und ein Olivenbaum in einem Dickicht aus Schachtelhalmen. Eine Bambusreihe bricht die scharfe Kante am Rand des Daches. In diese Bambuswand wurden einige Öffnungen geschnitten, die sich zu Durchblicken öffnen und wie Gemälde in einem Teppich aus Pflanzen wirken. An einer der Wände wachsen zu Fächern erzogene Spalier-Birnbäume. Die ausgezeichnete Erde, in der sie wachsen, wurde vom Land hierher gebracht. Da sie kein weitreichendes Wurzelwerk ausbilden, dürften sie die Erde kaum verarmen. Wolfsmilch und andere Pflanzen aus Südfrankreich, darunter Klebsame und Ziergräser mit silbernen Blättern wachsen neben immergrünem Jasmin.
Die Wohnung, die sich in Nord-Süd-Richtung erstreckt, wird direkt von der Sonne beschienen. In die Wände wurden zusätzliche Fenster gebrochen, die an mittelalterliche Schießscharten erinnern. Sie erlauben weite Blicke über die Stadtlandschaft und sorgen am Tage für zusätzliches Sonnenlicht. Die L-förmige Terrasse liegt in der Ost-West-Richtung und erlaubt einen majestätischen Blick über ganz Paris. Die breiten Schiebetüren öffnen die Wohnung weit nach außen, ohne dass sie seine Abgeschlossenheit verliert. »Wir lieben die Offenheit des Himmels und das Spiel der Spiegel, die das Licht brechen und zerstückeln – zu ständig wechselnden Bildern. Obwohl Glas ein kaltes Material ist, wird es lebendig und verliert seine Härte, wenn es das Blau des Himmels und die Wolken reflektiert. In der Tat kann es sogar einen Teil seiner modernen, warmen Qualität an das Metall, das Aluminium, weiter geben. Uns fasziniert der Kontrast zwischen den Pflanzen und diesen nun nicht mehr kalt erscheinenden Materialien.«

OBEN: *Duschen unter freiem Himmel auf der Sonnenterrasse.*
LINKS: *Gegenüber der Treppe zur oberen Terrasse steht* Macleya cordata *(Federmohn), der gegen Ende der Vegetationsperiode stattliche Formen entwickelt hat.*
UNTEN: *Oliven- und Obstbäume.*

Ein himmlischer Gemüsegarten

OBEN: *Der Gemüsegarten mit dem Centre Pompidou im Hintergrund.*
RECHTS: *Christian Duc umgab seine Gemüsebeete mit einer »Wiese« aus Fetthenne.*

Dieses Gebäude entstand 1932 im Beaubourg, erbaut von einem Ehepaar, das während des Ersten Weltkrieges unter der Lebensmittelknappheit in Frankreich gelitten hatte. Also planten sie vorausschauend und schlossen ihr Haus mit einer großen Dachterrasse ab, die man in Notzeiten zu einem Gemüsegarten umfunktionieren konnte. Die Erde ist 60 Zentimeter tief und mit einem sinnvollen Entwässerungssystem ausgestattet.

Es ist nicht bekannt, ob die beiden während der deutschen Besetzung wirklich Gemüse auf ihrem Dach anbauten, aber Christian Duc zögerte keinen Moment; er hatte Haus und Terrasse mehrere Jahre lang gemietet. Zusammen mit seinem Freund, dem Landschaftsarchitekten Pascal Cribier, machte er aus der prächtigen, 160 Quadratmeter großen Fläche einen Gemüsegarten, der zudem einen herrlichen Ausblick bietet. Vom Dach des Gebäudes liegen die verspielte Form des Centre Pompidou, viele Kirchtürme, ein Stück der Opéra Bastille und die Hochhäuser von La Défense im Blick.

Als Erstes errichteten sie einen Schuppen für die Werkzeuge, Töpfe, Samen und Glasglocken. Für die Gemüse wurden große Parzellen vorbereitet, die Pascal Cribier mit Fetthenne säumte. Im Juni treiben sie einen Teppich aus gelben Blüten aus und wirken dann wie eine Blumenwiese. Um die Wege zu markieren, fasste er die Ränder mit Buchsbaum ein.

Aromatische Kräuter, Zucchini, Kohl und Salate gedeihen in quadratischen Beeten; zahlreiche Glasglocken dienen dazu, sie vor plötzlichen Temperatureinbrüchen zu schützen. Sie stehen aufgereiht wie in einem kleinen, gemischten Garten. Für köstliche Desserts stehen Himbeeren und Erdbeeren bereit. Eine Zeit lang hielt Christian Duc sogar Bienen, die Honig lieferten.

Statt die gesamte Fläche zu bepflanzen, wie so oft in Gemüsegärten, ließ Pascal Cribier genügend freien Raum.

Während der Vordergrund von den Blättern der Strauchpäonien beherrscht wird, dehnen sich hinter den Glasglocken die Dächer der Hauptstadt.

Die so entstandene vielversprechende Leere spiegelt auf ideale Weise die unendliche Weite des Himmels wider – hier fühlt man sich mehr auf einer Insel denn im Herzen von Paris. Auch die Tatsache, dass die Beete eher »wild« aussehen, verstärkt den Eindruck, man befände sich auf einer Insel, wo ein einsamer Robinson Crusoe nur das kultiviert, was er wirklich zum Überleben braucht.

Allerdings ist Einsamkeit eher die Ausnahme. In den Frühlings- und Sommermonaten veranstalten die Besit-

zer Partys und entspannte Picknicks, genau wie auf dem Land.
Blumen oder Sträucher fehlen fast völlig. Christian Duc wollte den freien Blick bewahren, daher beschränkte Pascal Cribier die vertikalen Linien auf ein Minimum und pflanzte nur die Strauchpäonie *Paeonia suffruticosa*, die sich durch üppiges, fast tropisches Laub auszeichnet und im Mai prachtvolle Blüten trägt. Christian Duc liebt diese Pflanzen. Sie erinnern ihn an den fernen Osten, seine Heimat.

Die aufgereihten Glasglocken schützen die Kohlköpfe.

Hängende Gärten

Schaut man auf einem Spaziergang durch Paris in den Himmel, wird man gelegentlich voller Erstaunen große, grüne Flecken entdecken, die von den Dächern grüßen. Achtet man gezielter darauf, überrascht deren große Zahl. Dieses Mosaik grüner Pflanzen ist das sichtbare Zeichen eines geheimnisvollen Paralleluniversums; es sind hängende Gärten, die von Vögeln, Blumen und Bäumen besiedelt werden – Bambusdschungel, in Kaskaden herabhängendes Geißblatt und sprudelnde Brunnen.

Glaswände

SEITE 92: *Ein Bambuswäldchen auf dem Dach.*
OBEN: *Während die Mitte des Innenhofs von einem Bambuswald beherrscht wird, wächst am Rand Wilder Wein.*
RECHTS: *Viel Licht, dessen Härte durch die Pflanzen gemildert wird, flutet durch die Glaswände des großen Wohnzimmers.*
NÄCHSTE DOPPELSEITE: *Efeu und Wilder Wein klettern über die Glaswände; ihre großen Blätter kontrastieren mit den zierlicheren Blättern des riesigen Bambus. Die Blätter der beiden Olivenbäume in ihren Kübeln geben dem Garten eine silbergraue Note.*

Auf dem Dach dieses ehemaligen Industriegebäudes entstand ein von Licht durchfluteter, zentraler Hof, der vollständig von gläsernen Wänden umgeben ist. Alle Räume der Wohnung öffnen sich auf diesen Hof. Riesige Bambusstauden ragen von der unteren Etage bis auf die obere Ebene durch. Es schadet ihnen nicht, dass ihre Wurzeln tief im Keller stehen, solange die Blätter nur genügend Licht und Luft erhalten. An den Glaswänden klettern Efeu und Wilder Wein empor; ihre Blätter dämpfen das einfallende Licht und verleihen den Räumen ein sinnlich-tropisches Flair.

Die Schönheit dieses Gartens beruht auf vertikalen Linien und schrägen Glasscheiben, die dem Raum Struktur geben. Dank der vielfältigen Spiegelungen und des Tageslichts, das auf den Blättern spielt, scheinen die Räume von luftiger Leichtheit erfüllt. Die metallischen Teile wurden schwarz gestrichen: Die Harmonie von Grün und Schwarz sorgt für eine entspannte Atmosphäre.

Als die Olivenbäume in ihre Kübel gepflanzt wurden, waren sie noch recht jung. Es dauerte eine Weile, bis sie sich etabliert hatten, doch inzwischen kommen sie perfekt mit den Wachstumsbedingungen zurecht. Ihre herrlichen graugrünen Blätter, auf denen das Licht silberne Reflexe erzeugt, fügen dem breiten Spektrum unterschiedlicher Grüntöne, die den Innenhof beherrschen, eine weitere Nuance hinzu.

Der Innenhof liegt fast den ganzen Tag im Licht. Die Morgensonne scheint in die Schlafzimmer; am Nachmittag wird das Licht ein wenig durch Schatten gedämpft. Nachts bleibt der Hof im Dunkeln; das Licht, das durch die Fenster fällt, lässt ihn intim erscheinen.

Die ständig präsenten Pflanzen sind fester Bestandteil im täglichen Leben der hier wohnenden Menschen. Ein wuchtiger, grüner Tisch im Wohnzimmer scheint das Innere mit der Außenwelt zu verbinden. Überall herrscht der Eindruck von Ruhe und Frieden.

Farne und Bambus

Dieser Dachgarten, den der Landschaftsgestalter Robert Bazelaire entworfen hat, liegt auf einem Parkhaus und wird von hohen Mauern umgeben. Weiches Licht fällt, wie in einem verwunschenen Wald, durch die Lücken zwischen den Blättern. Das Haus lehnt sich an eine der Mauern an; große Schiebetüren aus Glas führen in den Garten. Der größte Vorteil dieser Dachterrasse ist, dass sie von keiner Stelle aus überblickt werden kann, denn die hohen Mauern schützen sie vor neugierigen Augen und gewähren dem Besitzer eine ungestörte Privatsphäre. Andererseits liegt sie nur ein paar Stunden lang im direkten Sonnenlicht, obwohl sie nach Süden exponiert ist.

Aus diesem scheinbaren Nachteil der Terrasse – der langen, sonnenlosen Zeit – hat Robert Bazelaire das Beste gemacht: Er ließ einen Bambuswald anlegen. So lange seine Blätter ausreichend von der Sonne beschienen werden, kann Bambus auch im Schatten gedeihen. Darunter pflanzte Bazelaire große Farne und Bubiköpfchen als Bodendecker. Im hinteren Teil des Gartens erinnert eine Hütte in japanischem Stil an ein Teehaus. Einige Bambusstängel wurden mit kräftigen Farben bemalt (Bambus ist die einzige Pflanze, die man bemalen kann, ohne sie zu schädigen): Schwarz für die Dämmerung, Gelb für das Licht, das einfällt und Tiefrot für die Blätter der Ahornbäume, Kamelienblüten und den männlichen Blumenhartriegel. An den Wänden ranken verschiedene Sorten von Kletterrosen und Waldreben empor, die gut mit dem Halbschatten zurecht kommen. Auswahlkriterium waren Blüten in abgestuften Weißtönen, die das sanfte Licht des Gartens erhellen und sich in dem weichen Sonnenlicht gut abzeichnen. Die hellgrünen, als Bodendecker gepflanzten Bubiköpfchen sehen wie ein Moosteppich aus und bilden eine äußerst weiche Unterlage. Einige Birken mit weißen Stämmen und hellem Laub harmonieren mit den grazilen Bambusstängeln und erscheinen ähnlich transparent.

OBEN: *Bambus ist die einzige Pflanze, die man bemalen kann, denn sie atmet durch die Blätter, nicht durch die Stängel. Das kräftige Gelb verleiht dem dämmerigen Licht des Gartens eine lebhafte Note.*
LINKS: *Das Teehaus in dem kleinen Bambusdickicht teilt die Terrasse in zwei Gärten. Die Farne im Vordergrund stehen in sanftem Kontrast zu den strengen Linien des bemalten Bambus. Die immergrüne* Camellia sasanqua *im Hintergrund blüht im Herbst.*

UNTEN LINKS: *Zwischen und über den Steinen, die eine kleine Treppe bilden, wächst Bubiköpfchen. Auf der Gegenseite grenzt ein Rhododendron an.*
UNTEN RECHTS: *Birken und Bambus erzeugen eine poetische Stimmung.*
RECHTS: *Der Whirlpool-Garten mit der Schiebebrücke. Die Fenster spiegeln den Birkenhain, Bambus und die Blätter von* Cornus controversa *wider. Königsfarne* (Osmunda regalis) *bedecken den Boden.*

Um den Eindruck eines Waldes noch zu verstärken, legte Robert Bazelaire die Illusion eines Bachs an: Eine Holzbrücke führt über ein Bachbett mit unterschiedlich großen Steinen. Schiebt man die Brücke beiseite, öffnet sich ein Whirlpool. »Wir baden hier das ganze Jahr«, sagt der Besitzer, »sogar wenn es schneit.«
Zu der reizvollen Atmosphäre von Ruhe und Meditation tragen zahlreiche weitere Faktoren bei: Das gefilterte, dämmerige Licht, der weiche Bodendecker, ein Teppich aus Bubiköpfchen, die eleganten Farnwedel, aber auch die raffinierte Zusammenstellung der Farben. Das Zusammenspiel von Licht und Schatten, den die Pflanzen werfen, wird begleitet vom sanften Rauschen der Blätter, die sich schon im leisesten Hauch bewegen. In diesem Garten fühlt man sich wie in einem Gemälde von Corot, verborgen in einem Zauberwald, der in hellem, silbrigem Licht liegt.

Ein friedlicher Dschungel

Fast jedes Haus in dieser Privatstraße des 7. Arrondissements besitzt einen eigenen Garten. Der Garten dieses Hauses fast am Ende der Straße wurde vor 20 Jahren von Robert Bazelaire auf dem Dach der Garage entworfen. Als Fläche stand ihm nur ein kleiner, schattiger Bereich nahe am Boden zur Verfügung, die auf beiden Seiten von Mauern umgeben war. »Ein Loch«, erinnert sich Robert Bazelaire, »es ist aber wirklich überraschend, wie viele Pflanzen man selbst in einem Loch unterbringen kann. Ich habe zuerst riesigen Bambus gepflanzt; er erzeugt die Illusion einer undurchdringlichen Tiefe. Ich wollte den Platzmangel durch Höhe ausgleichen.«
Einige Stufen führen zu einer mit Steinen gepflasterten Terrasse vor dem Wohn- und Esszimmer. In einer Ecke der Terrasse steht ein langes, wundervolles Steinbecken aus Indien. Es wurde behauen, um Regenwasser aufzufangen und abzuleiten, steht hier aber als Symbol für den Garten, für einen zeitlosen asiatischen Dschungel. Seine strengen Linien bilden zusammen mit dem merkwürdigen Licht des Gartens eine meditative Aura, die von jeglichen äußeren Einflüssen abgeschirmt zu sein scheint.
Bis heute blieb der Garten unverändert. Mit seinen Steinen und dem Bambus sieht er aus, als stünde er schon immer hier. Die ätherischen Blätter erscheinen im Spiel des Sonnenlichts wie feiner Goldstaub. In der Tat ist die Idee, Licht- und Schattenflächen abzuwechseln, überaus ansprechend – wie der Augenblick, wenn die Regenwolken aufbrechen und sich die Sonne wieder zeigt. Dieser Garten strahlt eine Atmosphäre der Gelassenheit aus, die durch die raschelnden Blätter und die Rufe einiger Amseln noch intensiviert wird. Erst wenn man sich die Zeit nimmt, hört man die vielfältigen Nuancen dieses zarten Klanges. Der Boden wird von den herabgefallenen Blättern bedeckt. In einer Ecke, an der Mauer um den Garten, steht eine Hand voll abgeschnittener Bambusstängel. Alles wirkt wie ein Stück Land Art.

OBEN: *Die herabgefallenen Blätter bleiben unter dem Bambus liegen. Das Steinbecken aus Indien steht auf einem Sockel, den Robert Bazelaire geschaffen hat.*
LINKS: *Die kleine Sitzecke badet in weichem, durch die Bambusblätter gefiltertem Licht.*
NÄCHSTE DOPPELSEITE: *Vor dem Wohnzimmer wachsen kleine Kastanien wie Bonsais in einer großen, ovalen Schale zu Füßen der Bambusstängel. Die großen Steinbecken im Vordergrund erinnern an indische Tempel, wo sie dazu dienen, das Regenwasser aufzufangen.*

Ein exotisches Versteck

OBEN: *Zwischen den herrlichen grünen, weiß und gelb gefleckten Blättern einer* Aralia *erheben sich die merkwürdigen Blütenstände des Akanthus.*
RECHTS: *Die kleine Holzbrücke im Vordergrund führt über einen Bach aus Steinen. Rechts steht ein Bambusdickicht, links* Miscanthus sinensis, *ein Ziergras mit bemerkenswerten, gelben und grünen Blättern.* Hydrangea quercifolia *bildet hübsche, weiße Blüten.*

Umgeben von den unterschiedlichsten Blättern glaubt man, in einem fernen Land zu sein, nicht in einem üppigen Garten auf der Dachterrasse eines modernen Hauses im 15. Arrondissement. Die Veranda vor der Wohnung wurde in einen Wintergarten verwandelt; der Besitzer hatte sich gewünscht, von üppig gedeihenden Pflanzen umgeben zu sein. Der Landschaftsgärtner Alain-Charles hat den Raum durch eine Reihe von Alkoven mit Beeten gegliedert; genau in der Mitte führt eine Holzbrücke über einen Bachlauf aus Steinen.

Die Pflanzen wurden nach schönen Wuchsformen, einzigartigem Laub oder dem Duft ihrer Blüten ausgewählt. Kleinblättriger Bambus wächst neben mächtigem Akanthus, *Aralia* mit ihren großen, tief eingeschnittenen, gelb und grün gefleckten Blättern und *Nandina* mit purpurnen Blättern und roten Beeren im Oktober und November. Eine *Yucca flaccida* bildet mit ihren langen, grün und gelb gefärbten Blättern einen reizvollem Kontrast zu *Viburnum tinus*, dessen duftende Blüten im Winter erscheinen. In der Nähe der kleine Brücke steht ein Bambus mit *Miscanthus sinensis* zusammen, einem eleganten Ziergras mit grünen, gelb gesäumten Blättern; gemeinsam bilden sie eine poetische Komposition, die an eine fernöstliche Landschaft erinnert. Die dunkleren Bereiche werden durch Birken und einen chinesischen Liguster erhellt, der sich im Frühling mit kleinen, duftenden weißen Blüten schmückt, die in großen Blütenständen stehen. Lavendel und große Horste mit Lilien sind überall auf der Terrasse verteilt, dazu einige Einjährige wie Fleißiges Lieschen und Anemonen.

Eine hübsche Bank lädt ein, im Schatten zu ruhen. *Cornus kousa* und weiß blühende Rhododendren wachsen vor dem gesamten Haus, während die Rückseite der Terrasse von Bäumen und Sträuchern gesäumt wird: Oliven, Zypressen und Klebsame mit weißen, grau und grün gesprenkelten Blättern, sowie rosa und weiße Azaleen.

Ein schmaler Weg

Als die Front ihres Wohnhauses für eine Fassadenerneuerung eingerüstet wurde, hatten Emmy de Martaelere und ihr Mann eine grandiose Idee: Als die Arbeiten beendet waren, ließen sie das Gerüst einfach stehen und verwandelten es in eine lange, schmale Terrasse mit einem hängenden Garten. Der Boden wurde mit Holzbohlen belegt und die improvisierte Terrasse nur als kurzfristige Lösung geplant. Nun, einige Jahre danach, ist sie immer noch vorhanden und die in Kübeln wachsenden Rosen und Kreuzreben bedecken nun große Teile der Wände. Auch das Geländer ist völlig mit Efeu und Geißblatt bewachsen.

»In den größten Kübeln wachsen Azaleen außerordentlich«, sagt Emmy de Martaelere. »Wenn sie blühen, sind sie breiter als ein Meter. Sie blühen etwa drei Wochen lang, und da ihre Blüten nicht alle zur gleichen Zeit erscheinen, erfreuen sie uns sehr lange. Ursprünglich waren die Blüten rosa, allerdings heller als ich gehofft hatte. Also gab ich etwas Eisen ins Gießwasser, bis sie in einem warmen, ziegelrosa Ton blühten.«

Außerdem hat sie mehrere wunderschöne Buchsbäume kugelig beschnitten. Beim Formschnitt kommt es wie in der Kunst auf eine gutes Auge und eine gute Hand an. Wenn man viel übt, kann man eine fast perfekte Form erreichen. Die Kreuzreben *(Bignonia)* müssen regelmäßig ausgelichtet werden, sonst wuchern sie zu stark. Hinter ihnen kann man unansehnliche Wände wunderbar verstecken: Sie haben lange Zweige, die in Büscheln trompetenförmiger, orangeroter Blüten enden, und verankern sich mit Ranken an ihrer Unterlage. Eine Topfreihe vor der Hauswand bekommt die meiste Sonne und wurde mit zahlreichen Blumen der Jahreszeit bepflanzt. Die Rosen bilden genügend Blüten für Sträuße in der Wohnung. Obwohl sie nur schmal ist, bietet die Terrasse genügend Raum für ein paar Stühle, in denen man faule Nachmittage in der Sonne verbringen kann.

OBEN: *Ein Topf mit weiß blühenden Margeriten zu Füßen einer schmalen Holztreppe erhellt eine ansonsten recht dunkle Ecke.*

LINKS: *Prächtige Azaleen nehmen einen Ehrenplatz auf dem Holzboden ein, der sich zwischen den Mauern entlang zieht – diese wiederum werden von Kreuzreben und Kletterrosen bedeckt.*

Balkon mit Ginkgo

Nachdem Christian Duc seine Dachterrasse in einen Gemüsegarten verwandelt hatte, entschloss er sich, die Wohnung zu wechseln und sich zu verkleinern. Nun wohnt er auf kleinerem Raum, hat aber immer noch einen Mini-Garten auf dem Balkon. Er pflanzte Bäume, um eine Illusion von Tiefe zu schaffen, dazu gehören ein japanischer Apfelbaum, ein Amberbaum, ein Ginkgo und ein Flieder mit gefüllten Blüten, umgeben von verschiedenen Farnen. Er entschied sich für alte Pflanzen, die zahlreiche Katastrophen überlebt hatten, zum Beispiel den Ginkgo, der als erster Baum nach dem Bombenabwurf in Hiroshima wieder erschienen war, und die uralte Gruppe der Schachtelhalme. Sein winziger Garten ist wie eine Zeitreise.

Im Frühling schmückt sich der Apfelbaum mit einer Wolke weißer Blüten; im Herbst färben sich seine Blätter rot und golden. Ein paar mehrjährige Pflanzen – Hortensien und Funkien – wachsen in großen Töpfen.

UNTEN: *Ein vergoldeter Buddha direkt vor dem Fenster scheint die gelassene Atmosphäre der Wohnung zu bewachen.*
RECHTS: *Ein paar Blumen – Primeln, Funkien und eine Hortensie – wachsen auf dem Balkon im Schatten eines* Ginkgo biloba, *des Baumes, der sich mit Hunderten von geteilten Blättern schmückt.*

Oasen im Himmel

Manche Menschen wenden so viel Energie für ihre hängenden Gärten auf, dass sich diese in wirkliche Wohnräume unter dem Himmel verwandeln, in zeitlose Räume, die von Statuen, ungewöhnlichen Möbeln und vielfarbigen Pflanzenteppichen belebt werden. Solche Orte scheinen in einem Zustand der Erstarrung zu schweben. Der schwere Duft von Rosen erfüllt die Luft und die Sonne geht hinter den Kuppeln und Türmen der Pariser Sehenswürdigkeiten unter – wie chinesische Scherenschnitte vor einem sich verdunkelnden Himmel.

Bögen und Glashäuser

SEITE 112: *Die Bank – ein Original des Künstlers Muller – ist ein idealer Platz, um auf Maurice Rheimis Terrasse zu entspannen.*
OBEN: *Linien aus Efeu zeichnen die Metallrahmen der Fenster nach.*
RECHTS: *Eine Reihe von Bögen aus Holzgittern, die von Efeu bewachsen sind, trennen einen kleinen, grünen Sitzplatz ab. In diesem anspruchsvollen Garten sorgt in Töpfen wachsender Lavendel für eine leichte, spontane Note.*

Camille Muller zeichnet für diesen Wohnraum im Freien verantwortlich. Er liegt auf einer großen Terrasse, die das gesamte Dach eines modernen Gebäudes in Neuilly einnimmt. Das scheinbare Chaos ist in Wirklichkeit eine technisch aufwändige Konstruktion. Nichts wurde dem Zufall überlassen, und der natürliche Charme dieses Raums ist das Ergebnis einer kenntnisreichen Kombination von Vorstellungskraft und Erfahrung. Die Wohnung gehört einem Industriellen, der die Natur liebt. Er kaufte es noch im Planungsstadium und Camille Muller entwarf seine Raumvorstellung auf dem Papier, wobei ihm ein ungewöhnliches Maß an Freiheit zugestanden wurde: Landschaftsgestalter müssen sich viel häufiger mit den existierenden Einschränkungen des Gebäudes abfinden und versuchen, das Beste aus dem Vorhandenen zu machen.
Bögen aus Holzgitter gliedern den Raum in verschiedene Abschnitte. Mullers Entwurf basiert auf einem zentralen, mit Holzplanken gedeckten Weg. Eine Veranda, vor der eine Holzbank steht, zeichnet sich durch ein interessantes Detail aus: Efeu wächst entlang der Befestigungsstreben. Was auf den ersten Blick wie eine Verzierung der Glasfenster aussieht – wie eine nachträgliche Zutat zum Gesamtentwurf –, ist in der Tat der zentrale Gedanke des Entwurfs. Er versucht, Glasflächen durch linienhaft wachsende Pflanzen zu bestimmen. Damit die Efeuzweige diese ideale Wuchslinie nicht überschreiten, wurden sie an einem handgefertigten Metallrahmen befestigt. Ein Schmied musste auch das Geländer herstellen, das im Stil alter Gewächshausgeländer entworfen wurde. Es verläuft auf dem Dach der Veranda und der Nachbargebäude und fügt dieser kleinen Ecke Natur eine romantische Note hinzu. Der Eindruck wird noch verstärkt durch einen Holzzaun, der von beschnittenem Buchsbaum gesäumt wird und in ein offenes Feld zu führen scheint. Hier sieht alles natürlich aus und das harmonische Wechselspiel zwischen Pflanzen und den

Die Holzterrasse wird von Efeu gesäumt, das auf hölzernen Gittern wächst. Bänke, ein Tisch und Liegestühle fügen sich zum Bild eines angenehmen Wohnraums im Freien zwischen Schneeball, Rosen und Eskallonien zusammen.

Gegenständen auf der Terrasse scheint sich über die Jahre entwickelt zu haben. Die Pflanzen wachsen wie zufällig. Dennoch ist dieses natürliche Aussehen eine Illusion, die durch ein subtiles System der Bepflanzung auf verschiedenen Ebenen erreicht wurde. So bleiben Erde und Bewässerungssystem verborgen und die Pflanzen erhalten optimale Wachstumsbedingungen.

Die nach Osten und Südwesten orientierte Terrasse hat den ganzen Tag über Sonnenschein. An einer Seite wachsen mehrere Weiden *(Salix exigua)*, eine Japanische Mistel und Rosen, darunter die kletternde 'Mermaid' mit großen, hellgelben Blüten und vorstehenden schwefelgelben Staubgefäßen. Auf der Westseite wächst Persi-

sches Eisenholz *(Parrotia persica)*, ein kleiner Baum aus dem Kaukasus mit weißen Büten und langen, roten Antheren neben der Noisette-Rose 'Aimée Vibert', die sich mit prachtvollen Büscheln kleiner, rein-weißer Blüten schmückt; dazu mehrere Eskallonien mit rosa Blüten, Schneeball und Erdbeerbaum sowie immergrüne Sträucher mit von Natur aus üppigem Aussehen. Eine Laube am Gegenpol des Gartens wird dicht von Efeu und 'Fée de Neiges'-Rosen überwuchert.

Obwohl diese Terrasse streng durchgeplant wurde, sieht sie so natürlich aus, dass selbst die Architektur aus Pflanzen zu bestehen scheint.

Auf dem Balkon, der an den Ausguck eines Schiffs erinnert, streben Prunus *und* Cornus florida *gen Himmel.*

Ein barocker Salon

UNTEN: *In der warmen Jahreszeit bilden Tisch und Stühle vor dem Fenster zum Esszimmer ein zweites Wohnzimmer im Schatten eines japanischen Fächerahorns* (Acer japonicum).
RECHTS: *Die Gartenmöbel der 1930er Jahre wurden aus Zement geformt und wie Holz gestaltet. Sie stehen neben einem kleinen Birkenhain.*
NÄCHSTE DOPPELSEITE: *Verspielte Skulpturen in Pilzform erheben sich aus einem Blumenbeet, das mit Orangenblumen* (Choisya) *und Seidelbast bepflanzt ist.*

Diese Wohnung am Bois de Boulogne öffnet sich zu einer Terrasse, die wie ein wunderschönes Wohnzimmer im Freien gestaltet ist. Eine Wand aus Bäumen – Birke, Ahorn *(Acer palmatum)* und Lavendelheide – schirmt den Besucher des Gartens gegen jede Störung von der Außenwelt ab. Sogar der Blick zum Himmel wird teilweise durch Blätter verstellt. Die Möbel wurden in den 1930er Jahren aus Zement hergestellt und in Holzstruktur gestaltet; auf dieses ausgefallene Detail ist der Gartenbesitzer, der Kunstobjekte sammelt, besonders stolz.

Vor einem Hintergrund aus immergrünen Bäumen und Sträuchern ändert dieser Garten mehrmals im Jahr seine Farbe: Im Frühling färbt sich die Lavendelheide rot und orange, im Herbst sorgen die Ahornbäume für ein prachtvolles Farbenspiel und im Sommer sind es die Zwergpetunien und andere Blumen der Jahreszeit, die den Garten in kräftige Farben hüllen.

Flohmarkt-Garten

Élisabeth Brac de La Perrière hat zwei Passionen: Objekte vom Trödelmarkt und Gärten – zwei in der Tat sehr ähnliche Tätigkeiten. Die Freude über ein gefundenes altes Kupferbecken ähnelt sehr dem Gefühl, wenn man eine fast vergessene, alte Rosensorte wiederfindet. Ihr Garten nimmt die gesamte Dachfläche eines neuen Gebäudes in Neuilly ein. Da es keine Erde gab, musste alles in Töpfe und Kübel gepflanzt und mit einem Tröpfel-Bewässerungssystem versorgt werden. Die Pflanzen wurden so ausgewählt, dass sie mit der Nordost-Ausrichtung und dem andauernden Wind zurecht kommen. Beim Farbenthema dominieren die sanften Töne – Grün, Blau, Rosa und Grau – von Lavendel, Rosmarin, Thymian und beschnittenem Buchsbaum, während Rhododendren, Azaleen und Hortensien für weichere Schattierungen sorgen. Die unterschiedlichen Grüntöne der Blätter bilden den Hintergrund für rustikale Objekte wie Gießkannen, Glasglocken und Kreuzblumen.

UNTEN: *Eine Sammlung von Gießkannen aus Zink, Kreuzblumen und Glasglocken bestimmt den individuellen Stil dieses blühenden Dachgartens.*
LINKS: *Neben Lavendel und Azaleen in Töpfen steht eine amüsante Sammlung alter Gießkannen.*

Der versteckte Dachgarten

OBEN: *Ein Blick vom Balkon auf den Terrassengarten, der wie eine Insel aus Pflanzen wirkt. Eine Laube wird vollständig von einer in Malvenfarbe blühenden Glyzine verdeckt.* RECHTS: *Ein romantischer Steinpfad führt in den verborgenen Garten. Zwischen und neben den Steinplatten wachsen Bubiköpfchen, Funkien und Zungenfarn neben einer Bronzeskulptur von Poles. Gegenüber steht ein beeindruckender* Taxus x media *'Strait Hedge'.*

Die grünen Anzüge im Ton von Eichenlaub, die der Hausherr gerne trägt, lassen auf seine Liebe zum Garten schließen. Den verzauberten Garten um sein Haus in Saint-Florent auf Korsika hat er selbst gestaltet. Sein Pariser Terrassengarten entstand in Zusammenarbeit mit dem berühmten englischen Landschaftsgestalter Russell Page. In diesem Garten, einer Fortsetzung seiner Pariser Wohnung, verbringt er viel Zeit.

Der Garten gleicht einer Insel auf dem Dach eines Hauses. Von hier überblickt man gleich mehrere wunderschöne Gärten der Hauptstadt, unter anderem jenen der Britischen Botschaft mit prachtvollen Bäumen. Die Terrasse verläuft um mehrere Schlafzimmer und das Arbeitszimmer; ihr Geländer wird von einer wunderschönen, in Malvenfarbe blühenden Glyzine überwuchert. Lücken zwischen den Bäumen und Sträuchern erlauben hübsche Durchblicke auf die Gärten unten.

Vor dem Geländer reihen sich Terrakottatöpfe mit Buchs auf, während ein Wilder Wein über ein schwarzes Rankgitter klettert, das an der hellgelben, rau verputzen Wand befestigt wurde.

Große Buchskugeln rahmen die drei Stufen ein, die in den zweiten Abschnitt des Dachgartens, etwas hinter der Wohnung führen. Ein Pfad aus großen Steinplatten wird von Bubiköpfchen, Funkien und Zungenfarn *(Elaphoglossum crinitum)* gesäumt, der im Herbst für einen leuchtend roten Akzent sorgt. Am Boden wird der Blick von dem Bronzekörper einer Frau angezogen.

Ein dichtes Beet mit duftenden Orangenblumen umgibt ein kleines Eibendickicht *(Taxus baccata* 'Fastigiata'). Dieser versteckte, poetische Ort wird von einer Atmosphäre der Ruhe geprägt. Das Gras schwingt sich in einem Pfad auf eine barocke Bank von Muller zu, die vor einer Hecke aus beschnittenem Liguster, im Schatten eines Ahorn steht.

Natürlich sieht dieser hängende Garten am schönsten im Frühling aus. Einige der Zimmer öffnen sich mit

großen Glastüren zum Garten, sodass Pflanzen und Terrasse eng mit dem täglichen Lebensrhythmus innerhalb der Wohnung verbunden sind. Im Winter bilden die nackten Zweige interessante Formen; im Frühling sorgen die aufplatzenden Knospen und winzigen Blätter für Abwechslung. Das Laub erscheint in allen Schattierungen von Grün, beispielsweise kontrastiert das helle Grün der Glyzinen mit dem dunklen Grün des Buchsbaums.

Es gibt weitere Verbindungsglieder zwischen Innen und Außen: einige zeitgenössische Kunstobjekte, etwa eine Arbeit von Tinguely. Sie gehören zu einer größeren Kunstsammlung, die Maurice Rheims, ein moderner Kunstliebhaber, zusammengetragen hat. Die meisten Objekte stehen jedoch innerhalb der Wohnung, wo sie zu ähnlich lebendigen Partnern der Bewohner werden wie die Pflanzen im Garten.

UNTEN LINKS: *Eine zeitgenössische, mehrfarbige Bronze vor dem Rankgitter.*
UNTEN RECHTS: *Ein weiblicher Torso von Poles, umwachsen von einem Zungenfarn.*
LINKS: *Durchbrüche in der prachtvollen Glyzine eröffnen wechselnde Blicke über die Stadt.*

Ein Wintergarten

OBEN: *Nur die mit Efeu bewachsene Einfassung trennt die Terrasse vom Parc Montsouris.*
RECHTS: *Am Ende der Terrasse steht ein Wintergarten, der auch als Gewächshaus dient.*
NÄCHSTE DOPPELSEITE: *Sitzgelegenheiten im orientalischen Stil mit Teppich und Kissen bilden das Zentrum der Terrasse und einen Wohnraum im Freien – direkt gegenüber das prachtvolle Laub der Bäume im Parc Montsouris.*

Diese Terrasse erscheint wie ein kleiner Teil des Parc Montsouris. Da die Wohnung höher liegt als der Park auf der anderen Straßenseite, ist sie auf derselben Ebene wie die üppig belaubten Wipfel der Parkbäume. Der Blick über den Park ist einfach spektakulär. Es gibt keine Häuser, die die Sicht verstellen, das Auge schweift frei über den Rasen, der wie die Oberfläche eines Teichs erscheint. Die schönste Zeit des Tages ist der frühe Morgen oder die Nacht, wenn der Park für das Publikum geschlossen und nur der Gesang der Vögel zu hören ist.

Die Terrasse und ihre erhöhte Einfassung sind mit Holz geplankt. Alle Pflanzen stehen in Töpfen und Kübeln, auch die herrlichen Gänseblümchen neben den Rosen. Auf den Einfassungen wächst Efeu, dazwischen Pelargonien und kleine, als Hochstämme erzogene Sträucher. Der Park scheint bereits auf der Terrasse zu beginnen.

Die Besitzerin schätzt den orientalischen Lebensstil und schuf so den einfachsten und doch kreativsten aller möglichen Gärten: nur ein großer Teppich und einige Kissen, dazu Kerzenleuchter. Hier verbringt sie viel Zeit mit ihren Freunden oder beim Lesen.

Das Pariser Klima lädt nicht generell zu einem Leben im Freien ein, daher hat sie den Wintergarten vor der Wohnung in ein Gewächshaus verwandelt. Es lehnt sich an die von Efeu bedeckte Mauer des Nachbarhauses an, in der viele Vögel nisten. Auf der Bank und den Liegestühlen aus Holz vor dem Wintergarten kann man jeden Sonnenstrahl nutzen.

Die Besitzerin liebt den Stil ihrer Terrasse und denkt darüber nach, die nicht sehr ansprechenden Profile des Wintergartens mit einer Art türkischem Zelt zu verkleiden. Ihr Problem ist es aber noch, etwas zu finden, das leicht aufzubauen, amüsant und vor allem geschmackvoll ist, denn es soll sich in die exotische Atmosphäre einfügen, die sie geschaffen hat.

Zwischen Bäumen

Der Architekt Bruno de Panafieu wohnt in einem Komplex aus Ateliers, die in einem ehemaligen Lagerhaus eingerichtet worden sind. Zu seinem Atelier gehören zwei miteinander verbundene Terrassen, von denen aus man einen großen Garten überblickt. Die blauen Klinker an der Wand erinnern ihn an Portugal und seine Kindheit. Von seinen regelmäßigen Reisen durch Afrika bringt Bruno de Panafieu Samen und Pflanzen mit, die er auf seiner Terrasse an das Pariser Klima gewöhnt, etwa Kakteen, Hibiskus aus Mali und einen Bananenbaum.

Diese tropischen Pflanzen fügen sich wunderbar in die übrige Vegetation ein – eine Schwarzkiefer oder einen *Prunus*, dessen tiefes Rot mit dem der Ahorne konkurriert. Bei schönem Wetter stellt er Gartenmöbel auf die Terrasse, die dann mit Flieder, Glanzmispel, Forsythien, gelben Rosen, Besenginster, Geißblatt und Oleander in voller Blüte steht.

UNTEN: *Kletterrosen, Jasmin und Glanzmispel wachsen in den Kästen um die Hardoy-Sessel, 1938 entworfen. Die ockerfarbene Mauer fügt einen warmen Ton hinzu.*
LINKS: *Blick von oben durch das Laub eines Taubenbaumes auf die untere Terrasse mit einer Bergkiefer* (Pinus mugo).

Irrgarten

UNTEN: *Der Sitzplatz auf der Terrasse mit weißem Schirm und der Plattenweg werden von Ahorn, Lavendel, einer Sternmagnolie* (Magnolia stellata) *und* Cotoneaster franchetii *eingefasst.*
RECHTS: *Unregelmäßig gesetzte Steinplatten im Gras werden von Lavendel und* Juniperus horizontalis *gesäumt; sie führen zu einem versteckten Sitzplatz, über den sich die schlanken florentinischen Zypressen erheben.*

Diese riesige Terrasse auf dem Dach eines Hauses mit Blick auf den Eiffelturm hat Robert Bazelaire gestaltet. Sein Ziel war es, einen »richtigen« Garten zu schaffen, der an eine toskanische Landschaft erinnert. Die L-förmige, sehr lange Terrasse liegt auf mehreren Ebenen. Robert Bazelaire ist nicht nur Landschaftsgestalter, sondern auch ein kenntnisreicher Botaniker. Hier hat er Wege aus Steinplatten mit Lavendel und einer bemerkenswerten Sammlung von Hartriegeln gesäumt: mit einem Pagodenhartriegel *(Cornus controversa)* mit panaschierten Blättern, einem kleinen Japanischen Blütenhartriegel *(Cornus kousa)*, der im Juni von rein weißen Blüten bedeckt ist, und mit einem Blütenhartriegel *(Cornus florida)* dessen kleine, rosa und cremeweißen Blüten im Mai erscheinen. Die Klebsamen, die ähnlich wie Jasmin duften, bilden eine Hecke, die den Blick auf schlanke Zypressen und Lebensbäume lenken. Alles wurde beschnitten und strukturiert.

Speisen unter freiem Himmel

Im Freien zu essen ist eine wunderbare Erfahrung. Es ist nicht nur angenehm, draußen zu sein und den Zauber einer Terrasse oder eines hängenden Gartens zu genießen, sondern auch ein besonderer Reiz, sich dieses Vergnügen in einer Großstadt zu gönnen. Ob man an einem einfachen Tisch in einer Laube isst oder ein elegantes Dinner in gepflegter Atmosphäre genießt – immer ist es etwas Besonderes, wie ein Ausflug auf eine abgelegene Insel, weit entfernt vom Trubel der Stadt.

Es ist angerichtet

SEITE 136: *In Form geschnittene Buchsbäume rahmen den Essplatz im Freien ein.*
OBEN: *Der lange, schwarze Metalltisch vor der Balustrade der Terrasse ist für ein Candlelight-Dinner gedeckt. Die Kiefer im Hintergrund nimmt die Formen der Bäume unten in der Straße auf. Zu ihren Füßen wächst Lavendel.*
RECHTS: *An diesem Abend ist die Blumendekoration des Tisches vom Mittelmeer inspiriert. Die orange und roten Blüten – links ein immergrüner Jasmin, rechts Bougainvilleen – passen zum Geschirr und den Horsd'œuvres, die für den Auftakt des Dinners bereit stehen.*

Der Architekt und Raumgestalter Serge Robin bewohnt eine Wohnung mit einer großen Terrasse in der Avenue Rapp nahe dem Eiffelturm. Dort hat er ein kleines Stück Provence mit Jasmin, Lavendel und Pinien nachempfunden.

Serge Robin arbeitet an Projekten in der ganzen Welt und reist in den Mittleren Osten, nach Asien, Afrika und Lateinamerika. Viele seiner ausländischen Freunde kommen zu Besuch und er liebt es, sie auf unterschiedlichste Weise zu bewirten. Für diese Aufgabe ist er bestens gerüstet, da er als Designer für die Art de la Table in Paris arbeitet und zu diesem Thema Ausstellungen in Tokio und New York organisiert. Das Dekor für solche Ereignisse ist zwar jedes Mal anders, berücksichtigt aber stets seine Hauptregel: Das Äußere muss mit dem Inneren in Verbindung stehen, die Terrasse mit der Wohnung, die in blaugrauen Tönen, Kupfer und Tiefrot gehalten ist. Die Terrasse nimmt dieses Thema mit Graugrün, Silber und dem blaugrauen Lavendel wieder auf – im Sommer in Kontrast zu dem kräftigen Rosa und Orange der Bougainvilleen. »Es bereitet mir wirklich Freude«, gibt Serge Robin zu, »jedes Mal aufs Neue die Verwandtschaft von Farben zu variieren. Es ist wie im Theater oder einer Szenendekoration. Meine Freunde lieben die festliche Atmosphäre meiner Wohnung, die sich nach draußen öffnet, den Blick über Paris und den Zauber des angestrahlten, nächtlichen Eiffelturms. Selbst wenn man einige Auswüchse der modernen Architektur nicht mag, muss man doch zugeben, dass die beleuchteten Pariser Sehenswürdigkeiten prachtvoll aussehen.«

Obwohl diese Terrasse schon viele Partys gesehen hat, ist sie doch auch ein Ort der Ruhe, den Serge Robin vor allem dann schätzt, wenn er von einer Geschäftsreise nach Hause kommt. Von einer Seite blickt er auf den Eiffelturm, von der anderen auf das Champs-de-Mars. Er nimmt diesen Blick niemals als gegeben hin, sondern genießt ihn stets wie beim ersten Mal.

Unter dem Sonnenschirm

Es macht großen Spaß, unter dem Sonnenschirm auf dem Dach dieses Hauses im Marais zu essen. Einst gab es hier eine kleine Firma, die Uniformen für Polizisten herstellte. Das Haus wurde renoviert und hat heute wieder jenen Charme, der die ganze Gegend auszeichnet. Die Veranda vor dem Penthouse öffnet sich auf eine große, von Robert Bazelaire gestaltete Terrasse. Um mehr Privatsphäre zu schaffen, umgab sie der Landschaftsarchitekt mit einer Mauer aus Pflanzen. Dabei spielte er mit den Kontrasten und erzeugte durch unterschiedliches Laub einen Eindruck von Tiefe: Im Vordergrund stehen die glänzenden Blätter der Rhododendren und Kamelien, im Hintergrund die schlanken, ätherischen Blätter des Bambus. Dazwischen wachsen Ahornbäume mit ihren herrlich zerteilten Blättern in großen Containern. Weiße und rote Kamelien sorgen für einen Hauch Farbe.

UNTEN: *Blick auf die Terrasse mit dem kleinen Essplatz unter dem Sonnenschirm – er schützt nicht nur vor der Sonne, sondern auch vor neugierigen Blicken. Die Eleganz der Terrasse beruht auf dem nüchternen Dekor und dem harmonisch eingesetzten Holz und Metall.*
LINKS: *Der Tisch ist für ein sommerliches Mahl gedeckt, neben einem Bambusdickicht und einem Ahorn (im Vordergrund rechts).*

Blumen und Blätter

OBEN: *Eine hübsche Sammlung von Frühlingsblumen wächst in Töpfen auf einem kleinen Tisch: Hyazinthen, Narzissen und Traubenhyazinthen.*
RECHTS: *Wohnzimmer im Freien: Ein* Cotoneaster *wächst zu Füßen der mit Efeu bedeckten Mauer, während im Hintergrund eine hübsche Weide für Schatten sorgt.*

Die Terrasse von Christiane und Éric Germain – sie wurde von dem Landschaftsarchitekt Alain Richert gestaltet – ist ein grüner Garten, in dem zahlreiche kräftige Farben Akzente setzen. Der Terrassengarten liegt direkt vor dem Wohnzimmer der beiden Kunstsammler. Sobald das Wetter warm genug ist, verlegen die beiden Mittag- und Abendessen ins Freie.

Hier im 15. Arrondissement standen einst in der Nachbarschaft ein Kloster und ein Weinberg, man fühlte sich fast wie in einem Dorf. Obwohl sich seither viel verändert hat, ist die Natur noch allgegenwärtig: Viele Häuser haben eigene Gärten. Von Christiane und Érics Terrasse blickt man auf einen großen Garten, der durch keine Mauer oder Umfriedung abgetrennt wird. Nur eine Pflanzenreihe trennt die beiden Grundstücke. Daher entsteht eine große Tiefe, und sie können von der Terrasse aus das Grün der nahen Bäume und Blätter mit genießen.

Da der Platz auf der eigentlichen Terrasse ziemlich beschränkt ist, verwendete der Landschaftsarchitekt zahlreiche Pflanzen, um dem Ort ein charmantes, überquellendes Flair zu verleihen. Eine Kletterhortensie, *Hydrangea petiolaris*, wächst an Rankgittern die Wände hoch. Kletterhortensien zeichnen sich durch viele Eigenschaften aus: Sie haben duftende, kleine, weiße Blüten, die sich wunderschön von dem hellgrünen Laub abheben, das sich im Herbst golden verfärbt.

Christiane und Éric Germain lieben duftende Pflanzen; daher finden sich hier mehrere Formen von Jasmin, darunter ein *Jasminum nudiflorum*, der im Winter zusammen mit *Clematis sirrhosa* 'Freckles' und *Camellia sasanqua* erblüht. An einem kalten, grauen Wintertag in Paris gibt es nichts Schöneres als einen Blick auf diese Blüten. Danach blühen die Rosen, darunter die üppige 'Madame Isaac Pereire' mit dunkelrosa, magenta-gesäumten Blütenblättern und die berühmte kletternde Noisette-Rose 'Gloire de Dijon' mit zart duftenden, ockergelben Blüten.

In Beeten, die wie eine Rabatte um die Terrasse angelegt wurden, wachsen immergrüne Pflanzen – Rhododendren und Schneebälle. Der elegante Schneeball bildet in den Wintermonaten nach Honig duftende, rosa Blüten aus, die lange Bestand haben. Weitere Duftpflanzen wachsen in Töpfen neben den Blumenbeeten, darunter eine Sammlung von Funkien mit grünen oder panaschierten Blättern und kleinen blauen oder großen weißen Blüten; dazu Veilchen und zahlreiche Knollenpflanzen, wie Hyazinthen, Narzissen und kleine Traubenhyazinthen. Einige Stauden bieten den vielen Vögeln, die hier in den Wintermonaten Zuflucht finden, ein grünes Zuhause auf der Terrasse. »Wir hören den Vögeln gern zu, wenn sie beim Sonnenuntergang singend ihre Reviere markieren«, sagt Christiane Germain. »Sie kündigen uns die Nacht an.«

UNTEN LINKS: *Die herrliche Blüte von* Helleborus orientalis *zeigt bereits Samenansatz.*
UNTEN RECHTS: *Die Narzissen öffnen gerade ihre Blüten.*
LINKS: *Ein Sammlung von Funkien in Töpfen:* Hosta fortunei *mit panaschierten Blättern und* Hosta sieboldiana *mit gerinnten grünen oder blaugrünen Blättern.*

Ein Schattenspiel

OBEN: *Das sommerliche Esszimmer mit dem Holzboden wird von einem waagerechten Sonnensegel beschattet. Oleander, Hochstammrosen und ein Zitronenbäumchen wachsen in großen Töpfen.*
RECHTS: *Oberhalb des Gartens, der von einem Schnurbaum* (Sophora japonica) *beschattet wird, liegen mehrere Terrassen.*
NÄCHSTE DOPPELSEITE: *Der Essplatz im Freien scheint zwischen den Baumkronen zu schweben.*

Die drei Terrassen dieses Hauses liegen auf verschiedenen Ebenen und überschauen einen anderen Garten. Die Wohnung gehört einem Architekten und liegt mitten in einem Häuserblock des 5. Arrondissements – direkt nach Süden ausgerichtet. Man erreicht die drei Terrassen von den Wohnräumen; außen sind sie durch Leitern verbunden. Hier stellt das Licht kein Problem dar, die Besitzer mussten sogar schattige Zonen einrichten, um sich vor der intensiven Sonneneinstrahlung zu schützen.

Ein großer Schnurbaum *(Sophora japonica)*, der im Garten steht, spendet lichten Schatten für die zweite Terrasse, ein modernes, horizontal verspanntes Sonnensegel bietet zusätzlichen Schutz. Diese Terrasse ist eine Fortsetzung des Wohnzimmers. Im Frühling und Sommer essen die Besitzer hier sehr oft im Freien – als ob sie in den Baumwipfeln hausten. Die Sonne beleuchtet die hölzernen Bodenplanken. Oleander, Kletterrosen und Jasmin in großen Töpfen am Rand der Terrasse sorgen gleichfalls für Schatten. Über die Wand, die von der unteren Terrasse nach oben reicht, klettert ein hübscher Wilder Wein, dessen grünes Laub sich im Herbst rot und golden verfärbt.

Die Schlafzimmer auf der obersten Etage stehen in Verbindung mit der dritten Terrasse. Sie dient den Kindern, die hier viel Zeit verbringen, als freie Spielfläche. Die unterste Terrasse vor den Fenstern des Architekturbüros wurde nicht gestaltet. Obwohl hier fast keine Pflanzen wachsen, genießen die Angestellten den offenen, natürlichen Raum.

Ein Frühstück in der kühlen Luft des Morgens ist im Frühling stets etwas Besonderes. Im Sommer, wenn der große Garten erleuchtet wird und das Licht einiger Kerzen Schattenspiele auf der Terrasse erzeugt, verbringen dort Gastgeber und Gäste viele Stunden bei gutem Essen und Gesprächen.

Terrasse mit Aussicht

OBEN: *Auf einem Ständer vor dem Gitter steht eine Sammlung von Kräutern. Im Vordergrund wachsen Zwergtomaten in einem Pflanzkasten.*
RECHTS: *Auf dieser sonnigen Terrasse gedeihen die Mittelmeerpflanzen prächtig, darunter ein Feigenbaum, eine Mispel, Oleander und blau blühende Hortensien. Im Hintergrund, unter dem Sonnenschirm, ist der Essplatz zu sehen. Im Vordergrund wächst ein Efeu über einen Metallrahmen in Vogelform.*

Als sich die jetzigen Besitzer dieses alten Gebäudes im 3. Arrondissement für ihre Wohnung entschieden, hatten sie dafür mehrere gute Gründe: Zum einen ganz bestimmt die Qualität der Deckenmalereien aus dem 17. Jahrhundert, zum anderen aber auch, dass der ehemalige Hof überdacht worden war, um eine große Terrasse zu schaffen.

Die einfachste, aber auch am wenigsten interessante Lösung wäre gewesen, hier einen Französischen Garten *en miniature* zu schaffen, der dem klassischen Stil des Gebäudes entsprochen hätte. Allerdings kommt es bei diesem Gartentyp auf weite Räume und Perspektiven an. Daher entschieden sich die Besitzer dafür, ihre Terrasse mit einer Reihe von Pflanzgefäßen zu umgeben; nur ein einziges Detail erinnert an die große Zeit der Französischen Gärten: ein Durchblick auf einen wunderschönen Brunnen des 17. Jahrhunderts. So trugen sie sehr elegant dem historischen Geist des Gebäudes Rechnung und schufen gleichzeitig ein intimes, natürliches Design. Ein kleiner Sonnenschirm und die Metallmöbel, die sich hervorragend für einfache Essen im Freien eignen, unterstreichen die Wirkung der Terrasse.

Da die Terrasse gut geschützt liegt, brachten die Besitzer, die ein zweites Haus im Süden Frankreichs besitzen, Pflanzen aus dem Süden mit nach Hause, die nun in großen Kübeln wachsen: ein Feigenbaum, eine Mispel, Oleander, sowie Efeu und Wilder Wein, die über ein Rankgitter klettern. In den Töpfen wachsen während des ganzen Jahres rote, rosa und weiße Bartfäden, daneben Schönmalven – sie gehören zur selben Familie wie die Bechermalven – und Wandelröschen mit kräftig gefärbten Blüten. Auf der Terrasse gibt es noch mehr Blüten: ein malvenfarbener Flieder, 'Iceberg'-Rosen und Kamelien, die im Winter blühen *(Camellia japonica* 'Sea Foam' und *Camellia sasanqua)*. Für eine amüsante Note zwischen den ungezwungenen Pflanzen sorgt ein Efeu, der über eine Vogelform aus Metall wächst.

Ein sommerlicher Essplatz

Diese winzige Terrasse gehört zu einem großen Haus im 7. Arrondissement; sie wurde von Olivia Putman (der Tochter von Andrée Putman) für Florence Grinda gestaltet. Blau ist die dominierende Farbe, eine romantische Reminiszenz an die Tatsache, dass hier einst blaue Fayencen hergestellt wurden. Inzwischen wurde das Gebäude zu einem Wohnhaus umgebaut und das Erdgeschoss mit einem herrlichen Garten im orientalischen Stil umgeben. Die hölzernen Klettergitter auf der Terrasse wurden blau gestrichen, damit sie zu den blauen Kacheln auf den Außenwänden passen. Der Tisch, den der österreichische Künstler Frederik Takenberg mit malven- und hellblauen Keramikplatten gestaltet hat, bildet den Mittelpunkt der Terrasse. Die Rückwand ziert ein *Trompe-l'œil*-Element, das an eine orientalische Fassade erinnert und damit des Thema des darunter liegenden, exotischen Gartens aufnimmt. Am Gitter wachsen Jasmin, Alte Rosen und blaue, weiße und malvefarbene Waldreben.

UNTEN: *Ein intimes Detail mit blauer Hortensie im Topf und Windlichtern.*
LINKS: *Blaue Farbe dominiert diesen sommerlichen Essplatz, sie nimmt das Thema der blauen Fayencen an den Außenwänden des Gebäudes auf. An der Rückwand wurde eine* Trompe-l'œil-*Fassade angedeutet.*

Designer-Terrassen

Die Terrassen, die von Architekten und Künstlern wie Mallet-Stevens, Jean-Pierre Raynaud und Yves de La Tour d'Auvergne gestaltet wurden, sind ganz eigene Welten – einzigartig wie ihre Besitzer. Jeder hat den Raum ganz persönlich in Besitz genommen, ihn gestaltet, geformt und modelliert, bis eine sorgfältig abgeschirmte und außergewöhnliche Ausdrucksform zwischen Himmel und Erde entstanden war.

Gestaltete Natur

SEITE 154: *Terrasse in minimalistischem Stil mit einem Segeltuchgeländer und Stühlen der 40er Jahre und von heute.*
OBEN: *Die zu Kugeln beschnittenen Buchsbäume säumen den Boden aus Glasplatten und Blechrosten. Die Bonsaibäume auf dem Regal im Hintergrund werden durch Rollos vor Sonnenlicht geschützt.*
RECHTS: *Dieser abgestorbene Bonsaibaum ist das perfekte Abbild eines großen Baumes.*
NÄCHSTE DOPPELSEITE: *Die Terrasse mit dem überdimensionalen Blumentopf und weißen Kacheln spiegelt auch die Kunst von Jean-Pierre Raynaud wider.*

Jean-Pierre Raynaud hat sich stets für die Natur interessiert, aus der er seine besten Inspirationen erhält; in der Tat hat er seine Karriere als Gärtner begonnen. Die Terrasse bedeckt einen Teil des Daches auf seinem Haus, das sich größtenteils unter der Erde fortsetzt, und verdeutlicht die Verbindung von Kunst und Natur. Sie wird von einer weiß gekachelten Mastaba – ein Gebäude mit flachem Dach und schrägen Wänden – beherrscht, vor der ein überdimensionaler, roter Topf steht. Wohin man auch sieht, herrschen starke Kontraste: zwischen Weiß und Rot, den Kacheln und Holz – in anderen Worten, zwischen warmen und kalten Materialien – zwischen Mineralien und Pflanzen und zwischen dem riesigen Topf und den Bonsaibäumen. Hier ist alles quadratisch, klar geschnitten und scharf begrenzt; alles wurde dem Wechselspiel der Kontraste untergeordnet, die das Design der Terrasse und ihren Stil bestimmen und die meisterlich behandelte Ästhetik des Raums unterstreichen. Der Künstler liebt es, Bonsais zu züchten, da man dabei mit Hilfe technischer Maßnahmen das Wachstum und damit – durch wiederholtes Beschneiden – Raum und Zeit verändern kann. Bonsais sind Symbole des Todes (Zurückschneiden, ständiges Auslichten) und des Lebens (die Knoten, die durch das andauernde Beschneiden entstehen, sind Quellen der Energie). Es gibt kein Leben ohne Tod, Unterbrechungen oder Einschnitte; keine Dauer oder Schönheit ohne Zerbrechlichkeit; keine Kunst ohne extreme Kontraste. Weiterhin sagt Jean-Pierre Raynaud: »Ich liebe sie genauso, wenn sie sterben, denn sie tragen in ihrer Form das dauerhafte Antlitz der Zeit. Bonsai ist der Traum vom einzigartigen Baum.« In der Form von Bonsaibäumen steckt etwas Konzeptionelles, eine Kunstform, in der sich Jean-Pierre Raynaud bewegt. Die Form bestimmt das Objekt, erst dadurch wird es zu Kunst. Man spürt, dass dieser etwas morbide Gestaltungsstil die Zeit einfriert, während auf der anderen Seite die Welt der Pflanzen ihr wieder einen ästhetischen Sinn und Leben gibt.

Buchsbaum-Formschnitt

Zu dieser Wohnung gehören drei Terrassen. Der Besitzer drückt es so aus: »Wie ein Schiff mit drei Decks.« Der Raum ist dynamisch gegliedert: Jeder Wohnraum öffnet sich zur Terrasse und alle sind untereinander verbunden – Wohnzimmer, Ess- und Schlafzimmer – entweder durch Schiebetüren aus Holz oder durchsichtige Glasbausteine. Zwischen Innen und Außen gibt es keine Barriere. In der Tat sind die Terrassen selbst nicht von der Außenwelt abgeschirmt. Nur ein weißes Holzgitter mit großen Durchbrüchen, die den Blick über die Stadt nicht verstellen, bildet eine eher informelle Grenze.

Wohnung und Terrasse gehören einem Modeschöpfer, dessen Berufsleben daraus besteht, Kollektionen zu präsentieren und Stoffe zuzuschneiden. Seine knappe Freizeit verbringt er damit, die Buchsbäume auf seiner Terrasse in Form zu schneiden. Eine Pflanze in eine bestimmte Form zu schneiden, bedeutet, ihr seine Vorstellung aufzuzwingen und die Grenzen der Natur auszuloten. Indem man jedoch ihre Vitalität und Plastizität respektiert, respektiert man auch die Pflanze. Die Buchsbäume, die in großen Töpfen oder Kübeln wachsen, sind entlang des Holzgitters aufgereiht. Ihre dunkelgrünen, glänzenden Blätter bilden einen prachtvollen Kontrast zum Weiß des Holzes. Abwechselnd mit dem Buchs stehen Eiben, kleine Bambusstauden mit schmalen Blättern und große Tuffs weißer Petunien.

Die oberste Terrasse ist der »Leuchtturm« mit einem ungehinderten 360-Grad-Blick über Paris. Sie ist aber auch Sonnenterrasse, wo Besitzer und Gäste völlig ungestört sonnenbaden können. Man fühlt sich wie ein Segler im Raum, nur begleitet von Schwalben, Spatzen, Amseln und Wolken.

»Auf einer Terrasse zu leben heißt nicht nur, mehr Platz zu haben«, sagt der Besitzer, »es bedeutet einen anderen Lebensstil zu pflegen, eine andere Sicht der Zeit und ein differenzierteres Verhältnis zum Auf und Ab des Lebens.

OBEN: *Ein Schubkarren aus Keramik, aus Sainte-Radegonde in der Provence, dient als Beet für weiße Petunien.*
LINKS: *In Form geschnittener Buchs und* Taxus *'Straight Hedge' rechts davon wachsen in großen Kübeln, die ebenfalls aus Sainte-Radegonde stammen.*

Eine Mallet-Stevens-Terrasse

OBEN: *Ein Blick auf das Schachbrett, dessen Ecken durch beschnittene Buchsbäume betont werden.*
RECHTS: *An einem Ende der Terrasse erhebt sich der Brunnen mit dem Mosaik aus schwarzen und roten Steinen zu Füßen des Turms. Am Geländer stehen große Töpfe mit Azaleen, Rhododendren, Birken und Ahorn.*

Die Dachterrasse auf diesem Haus von 1932 gleicht dem Deck eines Schiffs. Sie wurde von Mallet-Stevens entworfen und von Mme. Hoffman mit Sorgfalt restauriert; sie ist Innenarchitektin und lebt hier seit vielen Jahren. Leider haben sich nur wenige Terrassen von Mallet-Stevens erhalten. Sie sind außergewöhnliche Zeugnisse der als Art déco bekannten Kunstrichtung. Zudem erinnern sie uns an die Faszination, die die Ozeandampfer jener Zeit – Symbole von Luxus und modernster Technik – auf die Architekten ausübten.

Der Boden der Terrasse ist weiß gefliest, während ein Schachbrettmuster aus roten und schwarzen Keramikfliesen, das mit beschnittenen Buchsbäumen an den Ecken hervorgehoben wird, die Mitte beherrscht. Zu Füßen des Turms, von dem aus man die Terrasse überblicken kann – eigentlich verkleidet er die Schornsteine des Hauses –, befindet sich ein Brunnen mit kleinem Wasserfall. Er wird von einem geometrischen Muster in schwarzen und roten Tönen verziert und besteht aus aufeinander gestapelten, unterschiedlich starken Rechtecksäulen. Insgesamt erinnert er an die Hausdarstellungen konstruktivistischer Künstler.

Die Kontraste wiederholen sich auch an den Metallgeländern: Auf der oberen Ebene um die Kamine sind sie schwarz gehalten, während die Geländer der unteren Ebene weiß sind. In Terrakottatöpfen, die am Rand der Terrasse aufgereiht stehen, wachsen orangefarbene Azaleen, rotblättrige Ahorne und rosa Rhododendren. Die stark architektonisch wirkenden Formen von Stechpalme *(Ilex)* und perfekt geschnittenen Buchsbäumen unterstreichen den formalen Stil dieser Terrasse.

Der Ausblick von der obersten Terrasse ist atemberaubend: Das Panorama hat den Arc de Triomphe, den Arche de La Défense und die umgebenden Hochhäuser, Montmartre und Sacré-Cœr, den Eiffelturm und Montparnasse zu bieten.

Eine Terrasse von Charlotte Perriand

Diese gut geschnittene Terrasse ist sehr einfach gehalten. Sie verläuft um das Appartement und bietet einen prächtigen Rundblick. Charlotte Perriand, die diesen eleganten Garten entworfen hat, schwebte ein freier Raum mit nicht zu vielen Pflanzen vor. Außerdem konnte sie die zahlreichen Schornsteine auf dem Dach einbeziehen.

Charlotte Perriand pflanzte Bambus, den sie wegen seiner Geschmeidigkeit und dem poetischen Rauschen der Blätter im Wind sehr schätzt. Im Winter haben die nackten Zweige einer Hasel im Topf und einer Korkenzieherweide fast den Charakter von Skulpturen. Rosen und Glyzinen steuern etwas Farbe bei. Das Metallgeländer um die Terrasse reicht nur bis Hüfthöhe, stört also nicht den Blick. Wenn man die großen Fenster des Appartements öffnet, scheint man im Raum zu segeln.

UNTEN: *Die Schornsteine auf dem Dach zeichnen sich gegen einen prachtvollen, spätnachmittäglichen Himmel ab.*
LINKS: *Das Licht erzeugt interessante Effekte in dem modernen Appartement.*

Die Terrasse eines Bildhauers

OBEN: *Die kleinen quadratischen Kacheln zu Füßen dieser Bambusstauden* (Phyllostachys aurea) *lassen das Beet wie einen Brunnen erscheinen.*
RECHTS: *Die Terrasse von Yves de La Tour d'Auvergne lebt von Kontrasten: weiße Wände und Bodenplatten aus schwarzem Metall. Rosmarin wächst im Hochbeet, während die Skulpturen des Künstlers auf dem Boden stehen.*

Der Bildhauer Yves de La Tour d'Auvergne wohnt in einer ehemaligen, umgebauten Fabrik. Das Atelier des Künstlers umgibt einen Innenhof, der viel Sonnenlicht spendet und gleichmäßig im Raum verteilt. Wegen dieser Terrasse kam der Hausherr auf die Idee, seine Wohnung im mediterranen Stil zu gestalten – einfach und in weißen Formen.

Der Innenhof wurde in einen Terrassengarten verwandelt und mit Fayencekacheln belegt, weiß wie die Wände. Die Mitte nimmt ein Beet mit Thymian, Salbei, Rosmarin und sogar einigen Melonen ein, die sich in einer Ecke verstecken. Sowohl die Schlaf- wie die Wohnräume öffnen sich zur Terrasse. Überall stehen Arbeiten des Künstlers; sie gleichen vom Wind bewegten Mobiles und stehen doch fest auf dem Boden, so selbstverständlich als wären sie Möbelstücke.

Das strenge Weiß von Mauern und Fassade wird durch einen Wilden Wein gebrochen; allerdings muss Yves de La Tour d'Auvergne ihn ständig zurückschneiden, sonst würde er Licht wegnehmen und den nüchternen Stil der Terrasse stören. Der Kontrast zwischen Weiß und Schwarz, Mauern und Metall verleiht dem Raum eine skulpturale Dimension.

Sogar die Pflanzen wurden im Hinblick auf ihre plastische Wirkung ausgewählt, denn der Künstler glaubt, dass man die Natur einschränken und kontrollieren muss; ähnlich wie dies japanische Gartenkünstler in ihren minimalistischen Gärten tun. Wenn der Wind durch seine Blätter weht, erzeugt ein kleiner *Acuminata*-Bambus mit dünnen, speerförmigen Blättern den Eindruck von feinem Regen. Am Boden wird er von quadratischen Kacheln umschlossen. Das Blumenbeet, das ebenfalls von Kacheln eingefasst wird, ist erstaunlich ausdrucksvoll, ebenso wie ein anderes Beet, das von einem Glaskäfig überdeckt ist – wie eine Glasglocke über empfindlichen Pflanzen.

Holzdeck und Buchs

UNTEN: Eine einzigartige pflanzliche Dekoration: einfache Reihen von Buchs in Holzkästen.
RECHTS: Das Design der Terrasse steht in Einklang mit dem Stil des Hauses, das Auguste Perret in den späten 1920er Jahren entworfen hat. Die Holzrahmen auf den Planken, in derselben Größe wie die Oberlichter, wurden mit alternierenden Reihen von Buchsbaum bepflanzt.

Auguste Perret hat dieses Haus 1929 als Atelier für Dora Gordine erbaut. Seine Fassade gleicht einem Gemälde von Mondrian und der Garten vor dem Haus wurde von A. Chemetoff gestaltet. Die Fassade ist keine traditionelle Mauer, sondern eine einfallsreiche Abfolge von Wandfeldern, die sich zu einer unregelmäßigen Wand zusammensetzen und mehr Platz für den Garten lassen. Hier wächst noch ein großer Kastanienbaum, den Perret selbst gepflanzt hat, um das starke Sonnenlicht zu dämpfen, das ins Atelier fällt.
Die Terrasse überblickt den Garten, wird aber gleichzeitig von ihm umgeben. Das wunderbar verwitterte Holzdeck liegt vor den Schlafzimmern und wird, wie bei einem Ozeandampfer, von einer Segeltuchbespannung an den Geländern umschlossen. Holzkästen in derselben Größe wie die Oberlichter im Boden sind mit abwechselnd horizontalen und vertikalen Reihen von Buchs bepflanzt.

Pergolen und Holzgitter

Als sich die Besitzer der Wohnung entschlossen hier einzuziehen, gab es zwei wichtige Gründe: viel Platz in den Räumen und die riesige Terrasse. Zunächst bestand hier nur ein weiter, leerer Raum zwischen den Kaminen der Nachbargebäude. Inzwischen haben sie ein kleines Wohn- und ein Esszimmer mit Glasschiebetüren eingerichtet, die auf eine mit Pflanzen besetzte, offene Fläche hinausführen.

Ihren Charme und Schönheit verdankt die Terrasse, die von der Landschaftsarchitektin Christiane Rivault entworfen wurde, der Abfolge offener »Räume« und der Vielfalt der verwendeten Materialien. Den Boden bedecken, je nach Raum, Granitplatten oder Holz. Der Wechsel des Materials mit jeweils unterschiedlichem Oberflächencharakter lässt die Terrasse noch größer erscheinen und gibt den Räumen Struktur. Als bauliche Elemente hat sie eine Veranda, eine Pergola oder Wege zwischen den Kaminen entworfen, sodass deutliche Durchblicke und halb abgeschlossene Räume entstehen, die ein Gefühl von Tiefe vermitteln – wie ein verborgener Garten im Garten.

Christiane Rivault verbindet ihre Talente als Landschaftsgestalter mit botanischer Erfahrung, um Pflanzen und Farben zu kombinieren. »Sie fühlt sich auch sehr rasch in die Vorstellungen ihres Kunden ein«, sagt der Besitzer, »und, was uns sehr gefällt, sie behält ihre Gärten noch für eine Reihe von Jahren im Auge.« Sie pflanzte eine rote Kamelie, einen wunderschönen Olivenbaum mit silbrigen Blättern und einen kletternden Sternjasmin *(Trachelospermum jasminoides)* auf die Terrasse vor dem Badezimmer. Der Jasmin blüht im Juni mit duftenden, weißen Blüten.

Die zahlreichen Pflanzen auf der Terrasse teilen sich den Platz mit zeitgenössischen Skulpturen. Neben den *Sasanqua*-Kamelien, die von November bis Februar blühen, gibt es noch eine herrliche Sammlung von Ziergräsern, die für eine ätherische Note sorgen. Dazu

OBEN: *Eine Waldrebe sorgt für anmutiges Flair.*
LINKS: *Der schmale Durchgang wird von einer Berg-* (Pinus mugo) *und einer Waldkiefer* (Pinus silvestris) *gesäumt, die in Kübeln am Rand der Terrasse wachsen.*
NÄCHSTE DOPPELSEITE: *Der Panoramablick von der Veranda fällt auch auf La Défense. In einem Hochbeet wachsen Weinrosen.*

Der Wohnraum im Freien unter der Pergola wurde mit herrlicher, fernöstlicher Keramik ausgestattet. Im Vordergrund links steht ein Ahorn, im Hintergrund Birken und Liguster.

gehört *Carex pendula*, ein Horst aus eleganten, glänzenden Blättern, aus denen sich die an langen Stielen hängenden, grünlich-braunen Blütenstände erheben; *Stipa tenuifolia* mit schmalen Blättern, die sich im leisesten Wind bewegen und *Miscanthus sinensis* mit überraschenden, gelb und grün gestreiften Blättern. Neben *Solanum jasminoides*, einer prachtvollen Kletterpflanze, die von Juni bis November Büschel kleiner, blauvioletter Blüten bildet, wachsen wilde Weinrosen. Ein paar Bäume, darunter Ahorn und Birke sorgen für Höhe, während zu Füßen ihrer Stämme Heide wächst. Das Mosaik auf einer der Glasschiebetüren im Esszim-

mer scheint in der Luft zu schweben. Es stellt die Kopie eines Mosaiks mit Yin-Yang-Motiv dar, das im Museum von Karthago bewahrt wird. Das gesprenkelte Violett und Grün der Granitplatten und das Grauweiß des Holzbodens balancieren die sanften Schatten des Mosaiks wundervoll aus. Die klaren, nüchternen Formen der Gartenmöbel erinnern an den Fernen Osten; die kleinen Keramiken stammen aus Japan, die großen aus China. Zwischen Mosaik und der chinesischen Keramik gibt es subtile Verbindungen, wie im Zusammenspiel verschiedener Kulturen – eine Komposition, die entfernte Welten miteinander verbindet.

Das Esszimmer hat einen Granitfußboden. Auf einer Glasscheibe hängt ein großes Mosaik, dass den Essplatz von der Terrasse trennt. Es ist die Kopie eines antiken Mosaiks aus dem Museum von Karthago. Im Vordergrund rechts blüht der weiße Solanum jasminoides.

Dank

Die Autoren danken allen Terrassenbesitzern, die so freundlich waren, uns ihre Türen zu öffnen; dazu den Landschaftsgestaltern und allen, die dieses Buch möglich gemacht haben. Unser besonderer Dank gilt Robert Bazelaire.

Dachterrassen und Balkone